综合素质培养课

青少年
品质培养课

价值

杜兴东　编著

全球经典的品质培养成长书系之一

你的人生第一课

北京出版集团
北京出版社

图书在版编目(CIP)数据

青少年品质培养课．价值／杜兴东编著．— 北京：北京出版社，2014.1

（青少年综合素质培养课）

ISBN 978－7－200－10286－4

Ⅰ．①青… Ⅱ．①杜… Ⅲ．①青少年教育—品德教育 Ⅳ．①D432.62

中国版本图书馆 CIP 数据核字（2013）第 282821 号

青少年综合素质培养课
青少年品质培养课　价值
QING-SHAONIAN PINZHI PEIYANGKE　JIAZHI

杜兴东　编著

*

北　京　出　版　集　团
北　京　出　版　社　出版

（北京北三环中路6号）

邮政编码：100120

网　　址：www.bph.com.cn

北　京　出　版　集　团　总　发　行

新　华　书　店　经　销

三河市同力彩印有限公司印刷

*

787 毫米×1092 毫米　16 开本　12 印张　170 千字

2014 年 1 月第 1 版　2023 年 2 月第 4 次印刷

ISBN 978－7－200－10286－4

定价：32.00 元

如有印装质量问题，由本社负责调换

质量监督电话：010－58572393

责任编辑电话：010－58572303

前　言

　　他是一名普通的消防战士。他虽不是硝烟战场上的英雄，可是在抗震抢险的战斗中，他那无韵的呼声，诠释了人间大爱的内涵；他那倒地一跪，彰显了人类的光辉禀性。他，就是荆利杰，一个让人肃然起敬的小伙子。

　　2008年5月12日14时28分，四川汶川发生里氏8.0级地震。四川绵竹的武都小学教学楼坍塌大半，不少正在上课的师生被埋。

　　15时10分许，绵竹市消防大队教导员陈军奉命带领官兵前往实施救援。刚入伍半年的荆利杰也在队伍之中。

　　武都小学教学楼外围了许多惊魂未定的老师和群众，他们的哭声刺痛了官兵的心。情急之下，陈军动员群众、老师加入救人行列，在特勤器材到来之前和官兵们一道用手救援。余震不断发生，钢筋和楼板摇摇欲坠，残存的墙体时不时往下掉，救援人员全然不顾。

　　13日上午，救援工作仍在持续。上午10时许，就在抢救到最关键的时候，突然，教学楼的废墟在余震中发生了巨大的晃动，楼板在摇，墙体在垮……

　　二次坍塌！危险！快撤！此时，在余震不断的情况下，如果再次进入废墟救援或者不撤出救援现场，结果不言而喻。为了保护救援人员，消防指挥部立即下令：所有人员必须暂时撤出，等余震过去后再进入。

　　然而，就在此时，几个刚从废墟出来的战士大叫又发现了孩子。几个战士听见后转头又要往里钻。这时坍塌发生了，一块巨大的混凝土摇摇欲坠。想去救人的战士被战友们死死拽住，两帮人在废墟上拉扯……最终，想去救人的战士被拖到了安全地带。

这时，荆利杰作出了一个惊人之举，双膝跪倒，哭着大声喊道："我知道很危险，但求求你们，让我再去救一个吧！我还能再救一个！"

所有人都流泪了。一个士兵的哭泣，分明是一种誓言。"出生入死"这四个字，此时听来，竟是如此惊心动魄。看到这个情形所有人都哭了，然而所有人都无计可施，只能眼睁睁地看着废墟第二次坍塌。

荆利杰的那一跪和他哭喊着的那句话，讲述了当代军人的责任和崇高。

作为公民，我们每个人身上都肩负着一定的社会责任，一个人只有真正为公众的利益担当起自己的责任时，他的价值才变得伟大而值得称颂。

青少年在成长中，如果养成了尽职尽责的好习惯，那就无异于为将来的成功埋下了一粒饱满的种子，一旦机会出现，这粒种子就会在人生土壤中破土而出、茁壮成长，最终长成一棵参天大树。要始终坚信，只要你承担了自己应该承担的责任，你就有足够的理由实现人生的价值，获得幸福和成功。

蜜蜂的天职是采花造蜜，猫的天职是抓捕老鼠，蜘蛛的天职是张网捕虫，而狗的天职就是忠诚地服务主人，造物主对每个物种都有职责上的安排。人，作为万物的灵长、天地的精英，同样具有与生俱来的职责和价值。人来到世上，并不是为了享受，而是为了完成自己的使命。只有尽忠尽责，你的人生才会精彩。

范仲淹，字希文，汉族，苏州吴县人。北宋著名的政治家、思想家、军事家和文学家，祖籍邠州，后迁居苏州吴县。他为政清廉，体恤民情，刚正不阿，力主改革，屡遭奸佞诬

前　言

谤，数度被贬。

他一生功绩卓著，成绩斐然，做了很多为民众所称颂的好事，深受百姓的爱戴。他重视教育，无论到哪里为官，他都十分热心兴办学校，培养人才。

一次，他的朋友滕子京被贬到岳州当官。此处有一名胜，叫岳阳楼，始建于唐朝，到了宋代已经破败不堪了。滕子京到达此处后，修复了岳阳楼，范仲淹受他所托写了一篇《岳阳楼记》来记颂这件事。

范仲淹在文章中写道："我曾经探求古代品德高尚的人的思想感情，他们的表现与被贬官的人和失意的文人的态度不同，是什么原因呢？不因为外物的好坏和自己的得失而或喜或悲，在朝廷里做高官就为百姓担忧，不在朝廷上做官就为君主担忧。这样看来是在朝廷做官也担忧，不在朝廷做官也担忧。既然这样，那么什么时候才快乐呢？他们一定会说：'在天下人忧愁之前先忧愁，在天下人快乐之后才快乐。'唉！如果没有这种人，我同谁一道呢？"

范仲淹写《岳阳楼记》时已经58岁，被贬谪多次。不管是"居庙堂之高"还是"处江湖之远"，他始终都没有懈怠"以天下为己任"的人生使命与价值信念。

现在有太多的人，他们的关注点总是集中在个人利益上，忘记了自己是国家的公民，忘记了对于国家应该有那种关切之情。顾宪成的名联"家事国事天下事，事事关心"，顾炎武的"天下兴亡，匹夫有责"，不是一个口号，更应该成为我们真正实践的价值标杆。胸怀天下的大气，"忧乐天下"的价值信念，是我们应该具备的。

鉴于此，本书从仁、义、礼、智、信等十几个立足点，全面阐述价值观这一概念，尤其是对人们的思想道德建设的价值理念与行为落实的诠释。本书通过故事折射出教育意义，从而让更多的读者汲取优秀价值理念的精华。

本书是青少年树立正确人生观与价值观的优秀参考书。它不仅仅是一本让人自我修炼的书籍，更是一本能够带来德行提升的心灵宝典。书中的许多关于仁人志士、人生楷模的案例，犹如暗夜中的一盏盏明灯，指引着我们前行的脚步，相信每一位青少年都能从中得到启悟，并获得正能量的导引，相信每一个人都会借此赢得人生的辉煌，实现人生的完美价值！

目　录

第一章　仁之价值标准：万物之命，照映亘古中华 / 1

宋太宗雪中送炭，百姓深感其德 / 2
小善与大善 / 3
汤仁天下，网开一面 / 4
子产放生，小善看大善 / 5
结草衔环，感恩报德 / 6
爱出者爱返，福往者福来 / 7
刘备誓死不离荆州百姓 / 8
曹参用仁德体现生命价值 / 10
投桃报李，为人也为己 / 11
以世真求圣贤之学 / 12
让人心服，而非征服 / 14
与人为善的企业家李嘉诚 / 15

第二章　义之价值标准：舍生取义，尽显高尚情操 / 19

管鲍之交，情义无价 / 20
割席断交，交志同道合之友 / 21
白头如新，以诚相待 / 23
义气为天，田横舍生取义 / 24
聂政感动天地 / 25

娥皇女英，感动天地 / 27
一个半朋友 / 28
义气墩的传说 / 29
十年生死两茫茫 / 30

第三章　礼之价值标准——不学礼，无以立 / 33

王珪以礼行事 / 34
君臣之礼 / 35
每一个人都值得你尊重 / 36
不做"好好先生" / 37
程门立雪，尊师求学 / 38
尊师最终成大器 / 40
尊敬师长，古之美德 / 41

第四章　智之价值标准：华夏智慧，取之有道 / 43

知识更需要尊重 / 44
王充著书立说，传承智慧 / 45
百尺竿头，提升智慧 / 46
秦穆公求贤若渴 / 47
智君用智者 / 49
熟读而精思 / 50
把握重点，变则通 / 51
重实践，理论与实际相结合 / 53
庖丁解牛，把握事物规律 / 54
放眼看世界，吸收精华 / 56

第五章　信之价值标准：人而无信，不知其可也 / 59

高山流水之交 / 60
蔺相如完璧归赵 / 62

季布守信，一诺千金 / 63
　　孙武练兵，言出必行 / 64
　　商鞅立信，美名流传 / 66
　　宋濂以信服人 / 67
　　守信是走向成功的通行证 / 69
　　诚信不欺，诚实信义 / 70

第六章　忠之价值标准：赤胆忠心，精忠报国 / 73

　　大禹治水，三过家门而不入 / 74
　　诸葛亮鞠躬尽瘁，死而后已 / 75
　　李泌大隐隐于朝 / 76
　　颜真卿宁死不投降 / 78
　　文天祥浩然正气 / 80
　　左光斗入狱仍心忧天下 / 82
　　岳飞精忠报国 / 83
　　苏武傲骨铸就忠心 / 85
　　张骞出使西域 / 86
　　刘仁瞻为国尽忠 / 88
　　于谦保卫北京，临危不惧 / 89
　　梅兰芳撕画蓄须与日相抗 / 91

第七章　孝之价值标准：百善孝为先，常存仁孝心 / 93

　　重华大孝 / 94
　　君王以孝治天下 / 95
　　汉文帝亲尝汤药 / 96
　　缇萦上书救父 / 97
　　戏彩娱亲 / 98
　　卧冰求鲤，雪天得瓜 / 99
　　孝妇颜文姜 / 101

子路背米 / 103

　　闵子骞单衣顺母 / 104

　　孝子黄香，天下无双 / 105

　　孝顺的珠宝商 / 106

　　回家见佛 / 107

　　嘴说不如行动 / 108

　　义乌命名的由来 / 110

第八章　廉之价值标准：廉洁之风，中华美德的源泉 / 113

　　安贫乐道的庄子 / 114

　　廉者不食嗟来之食 / 115

　　吴隐之酌贪泉而觉爽 / 116

　　中下与中上之评 / 117

　　杨震"四知" / 118

　　彭泽居官清正 / 120

　　一钱太守刘宠 / 121

　　子文逃富 / 123

　　贪吝可鄙的王戎 / 124

　　刚正不阿的海青天 / 125

　　天下清官第一 / 127

第九章　公之价值标准：公之为言，公正无私也 / 129

　　做个洁身自好的人 / 130

　　人人需要自制意识 / 131

　　晏子严于律己 / 132

　　魏征仗义执言 / 133

　　正直的苏东坡 / 135

　　良相房玄龄 / 136

　　君主更要有"公"精神 / 137

戴胄秉公处理 / 139
　　两袖清风为百姓 / 140
　　百姓的父母官包拯 / 142
　　聂豹清正无私 / 143

第十章　和之价值标准：色要温雅，气要和平 / 145

　　廉颇——赵国的勇士 / 146
　　战胜自己的感情 / 147
　　与吕僧珍为邻 / 149
　　与人交往，以和为贵 / 150
　　只有无争，才能无忧 / 151
　　和气方能平安 / 152
　　好乡邻更过亲人 / 153

第十一章　恭之价值标准：在貌为恭，在心为敬 / 155

　　文王渭水屈身访贤 / 156
　　周公诫子 / 157
　　张良弃智 / 158
　　王濬不争止谤 / 160
　　钟隐学画 / 161
　　柳公权戒骄 / 163
　　唐太宗以恭纳布衣 / 164
　　龚遂让名 / 165
　　及时谦卑的妙高禅师 / 166
　　谦卑者，常有福 / 167
　　谦虚的神医叶天士 / 168
　　沈万三夸富 / 170

第十二章　俭之价值标准：君子以俭德高居／173

　　节俭宰相晏子／174
　　梁鸿孟光以俭为美／175
　　节俭的魅力／176
　　石崇奢华惹来杀身之祸／177
　　宋太祖教女节俭／178
　　一代"大侠"的简朴生活／179

第一章

仁之价值标准：万物之命，照映亘古中华

仁就是"与善仁"是说水施仁惠于万物而不恃，利万物而不争，万物日用而不知其德。给予万物以上善之仁德，舍身于众生万物，利济群生。仁就是爱，是一种大爱，能从情感上让人愿意追随，深入民心。

仁的精华是"善"。人性的善，就好比水往低处流一样，是十分自然的事情。水没有不向下流的，人性没有不善的。儒家亚圣孟子认为，虽然水被拍打一下也能使它高过人的额头，也可以用人力将其阻挡令它倒流，但这不是水的本性，就像"恶"不过是外部的形势导致的结果罢了。

仁是一切美德之源，换言之，人身上所体现的每一种美德都是仁的化身。仁其实并不复杂，它就是人之本心，是一种柔嫩而敏感的情感，比如见到花开会欣喜，听闻流水会动心，灵思一动，便是仁。

梁漱溟先生说，仁是一种柔嫩笃厚之情，是一种很真挚敦厚充实的样子，是我们所固有的生命发出来的。这种天真纯然是不自觉地从我们身上自然地流露出来的，而我们又不自觉地跟着它的指引去做，唯有这样才能心安。仁者都是听从内心的指引去处事，不需要旁人提出要求，就如同见下雨了便要撑伞一样自然。

宋太宗雪中送炭，百姓深感其德

宋太宗赵炅是宋朝的第二个皇帝。22岁时，参与陈桥兵变，拥立其兄赵匡胤为帝，曾参与太祖统一四方的大业。宋太宗治政有为，他即位后，继续进行始于后周世宗时的统一事业，鼓励垦荒，发展农业生产。这些措施顺应了历史潮流，为宋朝的稳定作出了重要贡献。太宗深知创业的艰难，故生活非常俭朴，甚至禁止在皇宫之中使用金银做装饰品。他也很能够体会百姓的甘苦，处处为百姓着想。

有一年冬天，下了一场非常大的雪，而且这鹅毛大雪下起来没完没了，天气变得十分寒冷。人们都躲在屋里避寒，大街上没有行人。

这时宋太宗在屋子里，身上披着狐狸皮外套，虽然皇宫已经非常暖和，但寒冷的天气仍然让他浑身发冷，宫外更是天寒地冻。

宋太宗命人端来取暖的火盆，奉上温热的美酒和美味的糕点，以便自己更暖和一些。他一边烤着火，一边品尝着美酒与糕点，忽然看到院中树上的枯枝随着夹着大雪的狂风猛烈摇曳，不久就被吹落到了地上。

他心中不禁一动，暗想：这么寒冷的天气，连皇宫都如此之冷，汴梁城中的百姓会更冷，那些缺柴少米的百姓，他们的日子要怎么过呢？他们会像这些枯枝一样被寒风吹倒的。太宗越想越揪心，仿佛那些百姓挨冻受饿的场景就在他的面前。

想到这里，他马上下令召府尹进宫，他对府尹说："如今天寒地冻，城中那些缺衣少食的百姓如何受得了？他们吃不好，睡不好，我也会吃不好，睡不好。你马上带些衣食和木炭去城中走走看看，帮助那些无法过冬的人们，以解他们的燃眉之急。"

府尹领旨，不敢停留半步，马上带领衙役，备好衣食和木炭，来到老百姓生活的地方，把粮食和木炭送到那些穷人和孤苦伶仃的老人手中。并给有困难的人家都留下足够的东西。这样一来，他们就能有米做饭,有木炭生火取暖了。

受到救助的百姓感激万分,他们都感受到了温暖,这种温暖一传十,十传百,这件事在当时轰动了整个京城,于是有了"雪中送炭"的佳话。

雪中送炭的故事也就由此而来。这句话,表面上的意思就是在寒冷的大雪天,给人送去木炭取暖,让人感到暖和,更深层的意义在于,别人处于极端困难和危险的境地时,给予物质上的帮助。

俗话说:"锦上添花易,雪中送炭难。"大家都好的时候,你帮人家一把也许不算什么,但是在别人困难的时候,心中能够体会他们的不易,出手相助,这才是真正的善行。或许我们没有帝王那样呼风唤雨的权力,在看到别人有难的时候常常觉得心有余而力不足。但是,每个人都有可能在生命中的某个时刻遭受挫折,你我的朋友、亲人,都有可能正处于等待帮助的困境之中。雪中送炭就如救命稻草,在你有能力的时候,以一颗体恤的心去帮助那些处于困境中的人,才是最大的善意。

小善与大善

诗人屈原在幼年时期就有悲天悯人的情怀。当时正逢连年饥荒,屈原家乡的百姓吃不饱、穿不暖,时有沿街乞讨、啃树皮、食埃土者,幼小的屈原见之不禁伤心落泪。

一天,屈原家门前的大石头缝里突然流出了雪白的大米,百姓们见状,纷纷拿来碗瓢、布袋接米,将米背回了家。

不久,屈原的父亲便发现家中粮仓中的大米越来越少,他很是奇怪。

有一天夜里,他发现屈原正从粮仓里往外背米,便将屈原叫住,一问才知道原来是屈原把家里的米灌进了石缝里。

父亲没有责备屈原,只是对他说:"咱家的米救不了多少穷人,如果你长大后做官，把楚国管理好，天下的穷人不就有饭吃了吗？"

自此屈原勤奋治学，成人后楚王得知他很有才能，便召他为官，管理国家大事。他为国、为民尽心尽力，被后世之人称颂，真正做到了由小善转为大善。

屈原的悲天悯人情怀早已流传千古。他自幼怜悯他人，此乃小爱，乃人之常情的爱；而他后来的爱国情怀，乃大爱。

孟子曾经说："存其心，养其性。"意思是保存赤子之心，修养善良之性。我们生来便有一颗赤子之心，不沾俗尘，不染污土。佛语云："爱出者爱返，福往者福来。"为他人奉献善心，为社会造福祉，他人和社会必定会以善回报于你。

汤仁天下，网开一面

商汤是商朝的创建者，在位30年，其中17年为商国诸侯，13年为商朝国王。

从禹开始，夏朝经过五代君王，最后传到夏桀手里就灭亡了。夏桀荒淫无道，治国无方，引起百姓的不满和怨恨，但大多数都埋在心里，不敢说出来，但这种恨在百姓的心里已经越积越厚。在这个时候，商的首领汤看到百姓受难，心里十分难受，他想让百姓过上好日子，推翻夏桀的统治，带领人们走出痛苦的深渊。

汤不仅雄才大略、才华过人，心地也非常善良，人品更是让人们佩服。有一天，他正走在小树林里，迎面看到一个人张了一张大网，汤猜到他肯定是在捕鸟。那个人还自夸地说："天底下无论从哪里来的鸟，都能进入我的网，让我捕更多的鸟吧！"

汤一听，好多的鸟都来到了这个网里，那不是都难逃一死了吗？于是汤动了恻隐之心，想解救即将面临灾难的鸟儿，于是汤对捕鸟人说："哎呀，这样太残忍了，你捕那么多的鸟儿，鸟儿会被你捕光的，最后鸟儿就会被你一网打尽了，这样做是不对的。而且鸟是天地间的生灵，跟人一样，也是有生命的。"

正在这个人不解之际，汤砍断了三面网，并小声祷告："鸟儿啊！鸟儿啊！你们愿往左飞就往左飞，愿往右飞就往右飞，赶紧逃命吧！去回归属于自己的天空，如果你真的厌倦了自己的生活，实在不想活了，就进入网里来吧！"随后，那些鸟儿都逃掉了。

这件事很快被诸侯和部落首领们听到了，他们非常敬佩汤首领，纷纷说："商汤一定会是一个好君王，他对飞禽走兽都如此仁慈，对人肯定更加仁爱，以后他也会爱戴百姓的，仁君不仅体现在治理国家上，更应该体现在他的人品上。"

汤有一颗善心，所以他得臣心、得民心。很快，随着汤的声名鹊起，40个氏族部落先后归顺于他。后来，汤带领部队打败了夏，建立政权后，对内减轻征敛，鼓励生产，安抚民心，从而扩展了统治区域，影响远至黄河上游，氐、羌部落都来纳贡归服。汤励精图治，国家蒸蒸日上，他给百姓创建了一个和谐的社会。

子产放生，小善看大善

子产是春秋时期郑国的政治家和思想家，在郑国为相数十年，他仁厚慈爱、轻财重德、爱民重民，执政期间颇多建树，被清朝的王源推许为"春秋第一人"。

子产心地仁厚，聪明善良，至今中国的老百姓都非常尊崇他。他济贫并救人于危难，喜欢行善，特别是从不杀生。

一天，一个朋友送给子产几条活鱼。这些鱼很肥，做成菜肯定是一道美味。子产非常感激朋友的好意，高高兴兴地收下了礼物，然后吩咐仆人："把这些鱼放到院子里的鱼池里。"

他的仆人很不解地说："老爷，这种鱼是鲜有的美味，如果将它们放到鱼池中，池里的水又不像山间小溪那样清澈，鱼肉就会变得松软，味道也就不会那么好了，而且这些鱼在肮脏的鱼池里得不到营养说不定会死去。这是您的朋友送的礼物,您应该马上吃掉它们,一来不辜负朋友的美意;二来还可以补充营养。"

子产笑了:"这里我说了算,照我说的做。我怎么会因为贪图美味就杀掉这些可怜无辜的鱼呢?我是不忍心那样做的,我宁可让它们自然死亡,也不让它死在餐桌上。"

仆人只得遵照命令。当仆人把鱼倒回池中时,眼见鱼儿悠游水中,浮沉其间,子产不禁感叹说:"你们真幸运啊!如果你们被送给别人,那么你们现在已经在锅中受煎熬了!"

人都需存有善念,心中有善就会觉得生活很充实。再以后每当有人赠送活鱼给子产,子产从来不忍心,以享口腹而使活生生的鱼受鼎俎烹割痛苦,总是命人把鱼畜养在池塘里,眼见鱼儿悠游水中,浮沉其间,子产心胸畅适,不禁感叹地说:"得其所哉,得其所哉!"

子产主张"为政必以德"。孔子称赞子产:"有仁爱之德古遗风,敬事长上,体恤百姓。"子产因其聪明和善良,而被人们传诵至今。

正所谓"勿以善小而不为,勿以恶小而为之"。不要因为是一件微不足道的善事就不去做,也不要因为是一件很小的坏事就去做。生活其实就是由这些小事堆积形成的,更重要的是,这些小善和小恶会成为日后那些大善和大恶的基础。只要是恶,即使是小恶也不做;只要是善,即使是小善也要做。

结草衔环,感恩报德

"结草"典出(春秋)左丘明《左传·宣公十五年》,据载:春秋时,晋国的魏武子有个爱妾。魏武子生病后,对他的儿子魏颗说:"我死之后,你一定要把她嫁出去。"不久魏武子病重,又对魏颗说:"我死之后,一定要让她为我殉葬。"等到魏武子死后,魏颗没有把那爱妾杀死陪葬,而是把她嫁给了别人。魏颗说:"人在病重的时候,神智是昏乱不清的,我嫁此女,是依据父亲神智清楚时的吩咐。"

后来，秦桓公出兵伐晋，晋军和秦兵在晋地辅氏（今陕西大荔县）交战，晋将魏颗与秦将杜回相遇。二人厮杀在一起。正在难分难解之际，魏颗突然见一老人用草编的绳子套住杜回，使这位堂堂的秦国大力士站立不稳，摔倒在地，当场为魏颗所俘，使得魏颗在这次战役中打败秦师。

晋军获胜收兵后，当天夜里，魏颗在梦中见到那位白天为他结绳绊倒杜回的老人，老人说："我就是你没有让她为你父亲陪葬的那女子的父亲。我今天这样做是为了报答你的大恩大德！"

"衔环"典出（南朝·宋）范晔《后汉书·杨震传》中的注引《续齐谐记》。杨震父亲杨宝9岁时，在华阴山北，见一黄雀为老鹰所伤，坠落在树下，为蝼蚁所困。杨宝怜之，就将它带回家，放在巾箱中，只给它喂饲黄花，百日之后的一天，黄雀羽毛丰满，就飞走了。当夜，有一黄衣童子向杨宝拜谢说：我是西王母的使者，"君仁爱救拯，实感成济"。并以白环四枚赠与杨宝，说："它可保佑君的子孙位列三公，为政清廉，处世行事像这玉环一样洁白无瑕。"

果如黄衣童子所言，杨宝的儿子杨震、孙子杨秉、曾孙杨赐、玄孙杨彪四代官职都至太尉，而且都刚正不阿，为政清廉。

你对别人充满爱心，用你的行动为别人带来快乐，别人自然会用爱心来回报你，让你感觉到快乐。更重要的是，你能在给别人关爱的过程中体会到一种真正的快乐。

人们常用"结草衔环"来表示要感恩报德。懂得感恩的心灵，是存在于这个世界的最美的心灵；懂得感恩的生命，是行走在这个世界上的最值得敬重的生命。同时，这两个典故旨在告诫人们"善有善报""勿以善小而不为"。

爱出者爱返，福往者福来

相传，晋国大夫赵盾到首阳山去打猎，住在了翳桑。忽然他看到一个人晕倒了,他赶紧把他救了,等病人醒来后,他便赶紧去问病人的病情。

这个人叫灵辄,他说自己已经三天没有吃过东西了,非常的饿,自己的身体支撑不住了,所以才会饿晕在路上。赵盾听了,赶紧就给了灵辄东西吃。由于长时间没有吃东西,灵辄很快接受食物,慢慢吃起来,但是灵辄只吃了一半,还留下了一半。

赵盾问他为什么,灵辄便说:"我已经给别人当了三年奴仆了,现在还不知道家中自己的老母亲是否活着。现在已经离家近了,请让我把剩下的食物送给她吧。"

赵盾深受感动。于是让灵辄把食物吃完,另外给他准备了一篮饭和肉,放在口袋里给了他。

后来灵辄做了晋灵公的武士,在晋灵公设计要杀赵盾时,便倒戈相向。他在搏杀中把武器倒过来抵挡晋灵公手下的人,使赵盾得以脱险。赵盾问他为什么要救他时,他回答说:"我就是在翳桑的饿汉。"赵盾再问他的姓名和住处,他没有回答就退走了。赵盾自己也逃亡了。

当日给灵辄提供食物的事情,赵盾也许早就忘记了,但对灵辄来说,赵盾的善良举动几乎相当于救了他的命,他不仅牢记着赵盾的恩德,还在关键的时刻救了赵盾的性命,赵盾可谓好人得到了好报。

爱出者爱返,福往者福来。帮助他人,实际上就是在帮我们自己,当我们把别人脚下的绊脚石搬开时,或许正好给自己铺平了道路。赵盾帮助灵辄解决了饥饿问题,灵辄则帮助赵盾成功脱险。因此,当别人需要帮助时,我们不妨伸出援手,微笑着对他说:"请让我来帮你!"

刘备誓死不离荆州百姓

建安十三年秋八月,曹军大举南下,此时荆州牧刘表病危,形势混乱,治下人心惶惶。

九月,曹操至新野,此时刘表已去世,其子刘琮举州投降。此时,刘备屯驻樊城，刘琮不敢将已降曹的消息告诉他。后来，刘备察觉，刘琮才通知刘备。这时曹操大军已到宛城。诸葛亮劝刘备乘机并吞刘琮，把荆州控制在手。但刘备念及刘表情意，没有同意。

刘备自知单凭自己的力量无论如何也抵挡不住曹军的锋芒，只得南撤江陵，以作权宜之计。荆州吏民对刘备颇有好感，纷纷随之南撤，永不离开刘备，连刘琮的部下也多愿跟从，因而队伍越聚越大，等到达当阳时，"众十余万，辎重数千辆，日行十余里"。

刘备的仁义让那么多的百姓生死追随，让所有人备受感动。但是这些百姓的行动太缓慢，而曹军最慢也日行三十里，况曹军先锋多为骑兵，不日即可追上行动缓慢的刘备军民。如果曹操追上来，后果将不堪设想。

眼看敌军逼近，有人劝刘备说："我们行动太缓慢了，如果我们放弃百姓，还可以有一线生机，如果我们跟百姓一起走，那么我们只有死路一条了。"其他的将士也都这么认为。

刘备却说："百姓追随着我，是信任我，我怎么可以为了自己活命而抛弃他们呢？我们一起走，即使是死了，我们也要和百姓在一起。"

众将士无不为刘备的仁义而感到羞愧。刘备仍与众人缓慢南行，后在诸葛亮的妙计下摆脱了这次困境，虽然刘备屡战屡败，屡败屡战，但是他的仁义让天下众多豪杰生死相随，最终在三国鼎立的时期占有重要的地位。

刘备对于"仁"有着比一般人更为深刻的体验。不管这种体验是出于内心的自觉还是形势的需要。正如刘备自己说的那样"操以暴，吾以仁……每与操相反，事乃可成"。这段话可以概括为刘备的为政为人之道、取胜成功秘诀。在当今社会来说，不也如此吗？

"仁"是治国平天下之人最为首要的自我修养，这种修养既不是附庸风雅，更非矫揉造作的自我表现，而是人人得以成长为真正有生命之人的必然途径。

朱熹说："仁者，心之德，爱之理。"仁者无敌的背后是一个人道德力量对外界的影响，不受诱惑而自定，不受纷扰而自明。

曹参用仁德体现生命价值

曹参，字敬伯，汉族，泗水沛人，西汉开国功臣，名将，是继萧何后的汉代第二位相国。秦二世元年（公元前209年），跟随刘邦在沛县起兵反秦，身经百战，屡建战功，攻下二国和一百二十二个县。刘邦称帝后，对有功之臣，论功行赏，曹参功居第二，赐爵平阳侯，汉惠帝时官至丞相，一遵萧何约束，有"萧规曹随"之称。

汉高祖刘邦封长子刘肥做齐王时，叫曹参做齐相。曹参到了齐国，召集齐地的父老和儒生一百多人，问他们应该怎样治理百姓。大家都提出了自己的意见，曹参不知听哪个才好。

后来，曹参打听到当地有个颇有名望的隐士，叫盖公。曹参把他请来，向他请教。盖公向曹参提出，现在天下安定不久，重要的是让百姓在没有干扰、没有杂役的生活中求得平安，这样百姓的生活便会好起来，天下风气也会为之一改，民不偷盗，官不强夫，古人的圣道就能实现了。

曹参依了盖公的话，尽可能不去侵扰百姓。他做了九年齐相，齐国都比较安定，百姓安居乐业，知善恶而通仁义道德。

萧何死后，曹参接替他做了丞相。曹参还是用在齐国时的办法，一切按照萧何已经规定的章程办事，什么也不变动。

曹参的做法虽然一开始让朝廷里的大臣和汉惠帝不是很满意，甚至汉惠帝觉得曹参是倚老卖老，瞧不起自己，但后来曹参经过一番说明后，汉惠帝终于明白了这位丞相的良苦用心。

由于那时候经过秦末战火、楚汉争霸，天下刚刚安定不久，一些地方的百姓生活还很艰苦，为非作歹的事情也屡有发生，很多人杀人越货，其实并不是生性残暴，不过是生活所迫而已。

曹参明白百姓需要安定富足的生活，否则根本就谈不上礼义廉耻。百姓及天下之根本，如果为官者不能为百姓施仁政，那么天下终被推

第一章　仁之价值标准：万物之命，照映亘古中华

翻，这种仁德往往会让百姓死心塌地地跟着君主，天下才能太平。

投桃报李，为人也为己

　　道光二十三年，皇帝钦命曾国藩为四川乡试的主考官。这时的曾国藩还只是一个五品官员，而他的副手是位列四品的赵楫，这是史上绝无仅有的。

　　曾国藩感觉皇恩浩荡，自然更加用心地做事。刚到四川的时候，曾国藩坚持要检查考棚，可是众多官员都劝他多加休息，他们料想曾国藩经过长途跋涉，折腾了好多天，一定很累了。可是曾国藩十分坚持，他说："我一定要亲自查看考棚，确保安全。那些考生从四面八方赶到这里，比起他们的辛苦，本官的这点辛苦算什么呢？"

　　他觉得，每一个来这里的人都是抱着很大的希望的，就好像自己当年一样，如果因为意外的事情发生而影响了这次考试，那么可能又要等三年，所以绝对不能因为自己的处理不周而出现任何差错。

　　曾国藩是一个非常细心的人，他做事情能够从对方的角度想问题，所以随行的官员们都为他的行为所感动，也都跟着细细地查看考棚。

　　开始考试的那天，太阳很毒，考棚里更是闷热。曾国藩在巡考的时候发现，考生们虽然已经是赤膊上阵，可是仍然避免不了汗流浃背。有几个考生，已经脸色煞白，眼看就要支撑不住了。曾国藩看到这样的情况，为自己没能及时准备冰块深感懊悔。当时，成批地运冰块已经来不及了，他就提议自己掏出银两，先买少许的冰块，给那些上了年纪的考生解暑。

　　有一位随行的官员对曾国藩说："大人，不要再费周折了，他们都那么大年纪了，还来考试，发生了什么事情也是他们自找的啊，跟咱们是没有关系的。"曾国藩却说："这些人念了一辈子的书，就想考个功名，可是努力了一生没有个结果，心中所受到的煎熬已经够了，如果再因此丢了性命，就太可惜了。只要我们能做的，就一定要做到，

不然就太对不起他们了。"在曾国藩的坚持下,官员们火速运来了冰块。

因为能够为对方着想,曾国藩深得人们的尊重和喜爱,也因为他能时刻站在对方的立场上想问题、做事情,才让很多幕僚志士主动投靠到他的门下,为他做事。

站在他人的立场上,就能让对方感受到很多温暖,也能避免很多不必要的纠纷。可是,我们在做事情的时候总是习惯从自己的角度出发,以自己的得失来评价事情的好坏。这样,就会让人觉得我们很自私,不懂得关心和爱护他人,自然不愿意跟我们深入交往了。

以世真求圣贤之学

1943年的冬天,李嘉诚的父亲去世了。为了安葬父亲,李嘉诚含着眼泪去买坟地。按照当时的交易规矩,买地人必须付钱给卖地人之后才可以跟随卖地人去看地。李嘉诚将钱交给卖地的两个客家人之后,坚持要看地。

沉浸在丧父之痛中的李嘉诚,想着连日来和舅父、母亲一起东奔西走,总算凑足了这笔安葬费,想着自己能够亲自替父亲买下这块坟地,心里总算有了一丝慰藉。这两个卖地人走得很快,山路泥泞,风雨交加,李嘉诚紧跟不舍。卖地人见李嘉诚是个小孩,觉得好欺骗,卖给他的竟是一块埋有他人尸骨的坟地。他们到了地方之后,用客家话商量着如何掘开这块坟地,将他人的尸骨弄走。

他们不知道李嘉诚是听得懂客家话的。李嘉诚万分震惊,心想世界上居然有如此黑心挣钱的人,连死去的人都不肯放过。李嘉诚想到父亲一生光明磊落,如果安葬在这里,他在九泉之下是绝对不会安息的。但与此同时这两个人又是绝不会退钱给他的。李嘉诚作出了一个痛苦的决定:他告诉他们不要掘地弄走他人尸骨了,李嘉诚决心再次筹钱,另找卖主。

第一章　仁之价值标准：万物之命，照映亘古中华

这次买地葬父的几番周折，深深地留存在李嘉诚的记忆深处。他说："绝不同意为了成功而不择手段，刻薄成家，理无久享。""我对自己有一个约束，并非所有赚钱的生意都做。有些生意，给多少钱让我赚，我都不赚。有些生意，已经知道是对人有害，就算社会容许做，我都不做。"他曾告诫员工，不要占任何人的便宜，绝不要赚"滥钱""黑心钱"。

不仅不能赚"黑心钱"，还要追求大家都利益均沾。"商人不应该自私地只顾自己赢利，而不顾对手死活。如果一单生意只有自己赚，而对方一点不赚，这样的生意绝不能做。"

对收购方，无论成与不成，李嘉诚都能使对方心悦诚服。如果收购成功，他不会像许多老板那样，进行一锅端式的人事改组和拆骨式的资产调整，他会尽可能地挽留被收购企业的高层管理人员，照顾小股东的利益，因此被收购公司不会处于动荡不安的状态。如果收购不成，他也不会以自己所持股权作为要价的筹码相要挟，逼迫对方开出高价赎购，生意不成仁义在。

多少年来，李嘉诚旗下的公司人员流动率低于1%。如此低的人员流动率，在香港的大企业中仅此一家。不管是企业高管人员还是一般员工，他们中的绝大多数对公司是有认同感和归宿感的。

李嘉诚说："虽然老板受到的压力较大，但是做老板所赚的钱，已经多过员工很多，所以我事事总不忘提醒自己，要多为员工考虑，让他们得到应得的利益。"正是李嘉诚将心比心，体恤员工，与员工分享利益，才使整个集团形成强大的凝聚力和向心力。

李嘉诚说："我觉得，顾及对方的利益是最重要的，不能把目光仅仅局限在自己的利益上，两者是相辅相成的，自己舍得让利，让对方得利，最终还是会给自己带来较大的利益。占小便宜的不会有朋友，这是我小的时候我母亲就告诉给我的道理，经商也是这样。"

李嘉诚创业初期，条件非常艰苦，资金短缺，厂房狭小，所以做的都是数量很少的订单生意。

一次，有个外商找到李嘉诚，希望大量订货，但外商也提出了要求，李嘉诚的公司必须寻找有实力的公司作担保。这是一笔大生意，李嘉诚欣喜不已，但是找谁担保，这又成了一个难以解决的大问题，

无奈之下，他只好跟外商如实相告："对不起先生，我非常想长期和您合作，但是很遗憾，我实在没办法找到有实力的公司为我担保，如果你因此而重新作出决定，我将尊重您的决定。"

外商沉吟片刻后对李嘉诚说："从你刚才的那番话中可以看出，你是一位十分真诚的人，在生意场上，更多的人都在用尽一切手段赢得自己的利益，而你的真诚让我对商业社会重新有了信心。我想，相互间的诚实是互相合作的基础，我已经决定了，你不必再找人担保了，因为你自己就是最好的担保，没有比一个真实的人更好的担保了。我们现在就签合同。"

就这样，李嘉诚非常顺利地签下了合同，赚到了一笔数目可观的钱，为他日后闯荡商界奠定了坚实的基础。

李嘉诚的成功有诸多方面的因素，但是其为人以真不以假，诚挚相待而不弄虚的风范无疑是他获得成功的一个重要原因。李嘉诚的"真心为人"体现了"以世真求圣贤之学"的真谛。"世真"首在"己真"。每个人心中的圣贤之学的定义多有不同，商人们求企业发展，政治家求国家安宁，道德家求天下大同。

让人心服，而非征服

刘秀为南阳蔡阳（今湖北枣阳）人。后汉王朝（也俗称东汉）开国皇帝。新莽末年，海内分崩，天下大乱，身为一介布衣却有前朝血统的刘秀与兄在家乡乘势起兵，并在昆阳之战中一举歼灭了新莽王朝的主力。

公元25年，刘秀与绿林军公开决裂，在河北登基称帝，建立了后汉王朝。经过长达十数年之久的统一战争，刘秀先后平灭了更始、建世和陇、蜀等诸多割据政权，使得自新莽末年以来，纷争战乱长达20余年的中国大地再次归于一统。

建武三年，刘秀亲率大军前往宜阳，截断了赤眉军的退路。赤眉军的小皇帝刘盆子惊惧万分，他说："我们虽有十万大军，却早已是惊弓之鸟，无力再战了。"大臣们也说："我们投降，只怕刘秀不肯放过我们啊！"无奈刘盆子派刘恭去谈判。

刘秀召见刘恭，不仅答应了他们的投降请求。刘秀又下令赐给他们食物，让长期饥饿不堪的十万赤眉军将士吃饱了肚子。

刘秀还安抚刘盆子说："你们虽有大罪，却有三善：你们攻城占地，富贵之时，自己原来的妻子却没有舍弃改换，此一善也。立天子能用刘氏的宗室，此二善也。你们诸将不杀你邀功取宠、卖主求荣，此三善也。"

刘秀的手下深恐赤眉军再起叛乱，私下对刘秀说："陛下仁爱待人，只需安抚住赤眉军将士即可。刘盆子身为敌人头领，难保不生二心，此人不可不除啊。"

刘秀对手下人说："行仁之义，全在心诚无欺，如此方有效力。朕待他不薄，他若再反，那是他自取灭亡；朕若背信枉杀，乃朕之失，自不同也。"真正的统治者绝不会一味残暴用事，他们是"仁慈"的。"仁慈"往往比杀戮更有杀伤力，对本性善良的百姓尤见功效。

刘秀对刘盆子赏赐丰厚，还让他做了赵王的郎中。人们在称颂刘秀的贤德时，天下的混乱局面也平息下来，日渐安定。

"让人心服，而非征服"是历来统治者秘而不宣的治国之道。以德服人，以诚待人才可以得民心。在这一点上，刘秀做的就非常好，无论是争天下还是做君主，他都会以诚为出发点，来化解各种各样的矛盾，同时这种品质让人们敬佩。

与人为善的企业家李嘉诚

李嘉诚是个与人为善的人，万通公司董事长冯仑对此深有体会："李先生76岁，是华人世界的财富状元，也是大陆商人的偶像。大家可以想象，这样的人会怎么样？一般伟大的人物都会等大家到来坐好，然后才会缓缓过来，讲几句话，如果要吃饭，他一定坐在主桌，我们企业界20多人中相对伟大的人会坐在他边上，其余人坐在其他桌。饭还没有吃完，李先生就应该走了。如果他是这样，我们也不会怪他，因为他是伟大的人。

"但是，我非常感动和意外的是，我们开电梯门的时候，李先生在门口等我们，然后给我们发名片，这已经出乎我们意料——李先生的身家和地位已经不用名片了！但是他像做小买卖的人一样给我们发名片。发名片后我们一个人抽了一个签，这个签就是一个号，就是我们照相站的位置，是随便抽的。我当时想为什么照相还要抽签，后来才知道，这是用心良苦，为了大家都舒服，否则怎么站呢？

"抽号照相后又抽个号，说是吃饭的位置，又为大家舒服。最后让李先生说几句，他说也没有什么讲的，主要和大家见面，后来大家鼓掌让他讲，他就说我把生活当中的一些体会与大家分享吧。然后看着几个老外，用英语讲了几句，又用粤语讲了几句，把全场的人都照顾到了。

"之后我们就吃饭。我抽到的正好是挨着他隔一个人的位子，我以为可以就近聊天，但吃了一会儿，李先生起来了，说抱歉我要到那个桌子坐一会儿。后来，我发现他们安排李先生在每一个桌子坐15分钟，总共4桌，每桌都只坐15分钟，正好一小时。临走的时候他说一定要与大家告别握手，每个人都要握到，包括边上的服务人员，然后又送大家到电梯口，直到电梯关上才走。"

有人会想，李嘉诚的客气会不会因为他会见的是商人。其实不是，2007年，《全球商业》杂志的记者采访李嘉诚时也受到了礼遇："在我们抵达之前，他已在会客室等候，见我们抵达，立即站起，掏出名片，双手递给我们。笑容让他的双眼如同弯月。财富并未在他身上留下刻痕，虽拥霸业，却无霸气。"李嘉诚对他人的善意是发自内心的，他说："我首先是一个人，再而是一个商人。"

李嘉诚的成功范例证明他是善于处下的好领导。在"处下"的新思维下，产生了很多新方法，比如，服务式的领袖风格，价值为基准的领袖方法，以人为本的管理原则，区分问题和人的谈判风格，等等。这些无不给企业的发展带来了持续的动力与不息的活力。

第一章 仁之价值标准：万物之命，照映亘古中华

李嘉诚虽然是一个商人，但不是一个为了自己利益而放弃原则的人，他与人为善，他是用一颗真心在做生意。就如他说的，他首先是一个人，再而是一个商人。他并没有因为钱而使自己的人生观、价值观偏离道德的轨道，从这一点上，他是一个"仁商"。

第二章

义之价值标准：舍生取义，尽显高尚情操

"义本来是出于主观的情理，并不是客观的事理。故义非在外而在内也。""生，我所欲也；义，亦我所欲也，二者不可得兼，舍生而取义者也。"

几千年前的孟子在生与义之间毅然作出了掷地有声的选择，这一回响至今流传。匈牙利著名诗人裴多菲有一首诗也和孟子舍生取义的慷慨呐喊一样，曾在革命年代激励了无数的仁人志士：生命诚可贵，爱情价更高；若为自由故，两者皆可抛。

在孟子看来，义是和生命融为一体又高于生命的。生命自然宝贵，在平滑的人生轨迹中谁也不愿在突然间中断，但是在非此即彼的较量中，总会有些东西让我们甘愿为之舍弃生命，义就是其中之一。义包含很多种，朋友之间的义气，夫妻之间的情义，更有为舍生取义的豪迈情义。

管鲍之交，情义无价

管仲，汉族，中国春秋时期齐国颍上人，史称管子。春秋时期齐国著名的政治家、军事家。鲍叔牙是鲍敬叔的儿子。汉族，颍上人，春秋时代齐国大夫，管仲的好朋友。

管仲家里很穷，又要奉养母亲。鲍叔牙知道了，就找管仲一起做生意。赚了钱以后，管仲分到很多，鲍叔牙却分到很少。人们纷纷议论管仲是个贪财之人，不讲情谊。鲍叔牙知道后，便替管仲辩解说，管仲不是不讲情谊，他家里情况不好，而且要奉养母亲，多拿一点没有关系。

管仲和鲍叔牙一起去打仗，每次进攻的时候，管仲都躲在最后面，大家都说他是个贪生怕死的人。鲍叔牙听说后，向人们解释说，管仲不是贪生怕死，只是他得留着命回去照顾家中的老母亲啊！

后来，公子诸当上了国君，他每天吃喝玩乐，任意妄为。鲍叔牙和管仲都预感齐国将会发生内乱，就分别带着公子小白和公子纠逃到莒国和鲁国去了。不久，诸被人杀死，管仲想让纠顺利地当上国君，于是在暗中对付小白，可惜把箭射偏了，小白不仅没死，还当上了齐国的国王，是为齐桓公。

齐桓公即位后，决定封鲍叔牙为宰相，鲍叔牙却对齐桓公说："管仲各方面都比我强，应该请他来当宰相才是！"齐桓公惊讶地说："管仲曾经想要杀我，你居然叫我请他来当宰相？"鲍叔牙却说："这不能怪他，他是为了帮他的主人才这么做的呀！"齐桓公听了鲍叔牙的话，便请管仲回来当宰相，在管仲的辅佐下，齐国迅速强大起来。

管仲在谈到他与鲍叔牙之间的往事时，曾说："我曾和鲍叔牙一起做生意，分钱财，自己多拿，鲍叔牙不认为我贪财，他知道我贫穷；我曾经三次作战，三次逃跑，鲍叔牙不认为我胆怯，他知道我家里有老母亲。生我的是父母，了解我的是鲍叔牙啊！"

第二章 义之价值标准：舍生取义，尽显高尚情操

管仲在鲍叔牙的坟前说过："生我者父母，知我者鲍叔牙。"管仲的一生因为有这样一个知己，显得更加有意义了。

管仲和鲍叔牙之间深厚的友情，已成为代代流传的佳话。朋友是一种相遇，朋友是一种相互认可，朋友是一种相助，朋友是一种关爱……但是，朋友最为可贵的还是相互信任。一旦成为知己，一定是彼此了解的，或许细节并不熟悉，但观念必定是了然于胸的，对于对方的行为总是可以作出最符合其初衷的解释。

割席断交，交志同道合之友

管宁和华歆在年轻的时候，是一对非常要好的朋友。他俩整天形影不离，同桌吃饭、同榻读书、同床睡觉，相处得很和谐。

有一次，他俩一块儿去劳动，在菜地里锄草。两个人努力干着活，顾不得停下来休息，一会儿就锄好了一大片。

只见管宁抬起锄头，一锄下去，碰到了一个硬东西。管宁好生奇怪，将锄到的一大片泥土翻了过来。黑黝黝的泥土中，有一个黄澄澄的东西闪闪发光。定睛一看，原是块黄金，他就自言自语地说："我当是什么硬东西呢，原来是锭金子。"接着，他继续锄草。

"什么？金子！"在不远处的华歆听到这话，不由得心里一动，赶紧丢下锄头奔了过来，拾起金块捧在手里仔细端详。

管宁见状，一边挥舞着手里的锄头干活，一边责备华歆说："钱财应该是靠自己的辛勤劳动去获得的，一个有道德的人是不可以贪图不劳而获的财物的。"

华歆听了，口里说"这个道理我也懂"，手里却还捧着金子，左看看，右看看，怎么也舍不得放下。后来，他被管宁的目光盯得实在受不了，才不情愿地丢下金子回去干活，可是心里还在惦记金子，干活也没有先前努力了，还不住地唉声叹气。管宁见华歆这个样子，不再说什么，只是暗暗地摇头。

又有一次，他们两人坐在一张席子上读书。正看得入神，忽然外面沸腾起来，一片鼓乐之声，中间夹杂着鸣锣开道的吆喝声和看热闹吵吵嚷嚷的声音。于是，管宁和华歆起身走到窗前去看看究竟发生了什么事。

原来是一位达官显贵乘车从这里经过，一大队随从佩带着武器，穿着统一的服装前呼后拥地保卫着车子，威风凛凛。再看那车饰更是豪华：车身雕刻着精巧美丽的图案，车帘是用五彩绸缎制成的，四周装饰着金线，车顶还镶了一大块翡翠，显得富贵逼人。

管宁对这些毫不在意，又回到原处捧起书专心致志地读起来，对外面的喧闹充耳不闻，就好像什么都没有发生一样。

华歆却不是这样，他完全被这种张扬的声势和豪华的排场吸引住了。他嫌在屋里看不清楚，干脆连书也不读了，急急忙忙地跑到街上跟着人群，尾随车队细看。

管宁目睹了华歆的所作所为，再也抑制不住心中的叹惋和失望。他想："真正的朋友，应该建立在共同的思想基础和奋斗目标上，一起追求、一起进步。如果没有内在精神的默契，只有表面上的亲热，这样的朋友是无法真正沟通和理解的，也就失去了做朋友的意义了。"

等到华歆回来以后，管宁就拿出刀子当着华歆的面把席子从中间割成两半，痛心而坚持地宣布："我们两人的志向和情趣太不一样了。从今以后，我们就像这被割开的草席一样，再也不是朋友。"

朋友多多益善，但是也要学会分辨。同时，我们要知道一个问题，那就是人各有志。如果和你从小一起长大的玩伴突然拒绝你的邀请，而要和另外的朋友去参加聚会；如果昔日在一起说悄悄话的好伙伴不再对你的想法感兴趣；如果曾经总是鼓励你的人突然开始取笑你的短处，都不要太过伤心。就像孔子说的，不同的朋友适合在一起做不同的事情，同一个朋友在不同的时期也会做不一样的事情。坦然地接受这样的变化，我们才能交到更好的朋友。

朋友相交，需要志趣相投；发现朋友的缺点，需要智慧；和朋友割席断交需要的则是勇气。与其明知交错了朋友，有心断了来往，却又顾及面子，最终把自己置于两难的境地，还不如像管宁一样割席断交。

第二章　义之价值标准：舍生取义，尽显高尚情操

白头如新，以诚相待

邹阳，散文家，齐人，是西汉时期很有名望的文学家。文帝时，为吴王刘濞门客，以文辩闻名于世。吴王阴谋叛乱，邹阳上书谏止，吴王不听，因此与枚乘、严忌等离吴去梁，为景帝少弟梁孝王门客。邹阳"为人有智略，慷慨不苟合"，后被人诬陷入狱，险被处死。

邹阳听说梁孝王礼贤下士，就到梁国来游学，并上书给梁孝王，纵谈天下大事，以展示自己的才华。羊胜和公孙诡都是邹阳的朋友，他们也都是有才之人，但是羊胜嫉妒邹阳的才华，几次在梁孝王面前说他的坏话，终于有一天，梁孝王信以为真，下令将邹阳关进监牢，准备处死。

邹阳十分激愤，他不甘心就这样被人陷害，于是，在狱中给梁孝王写了一封信，信中列举事实说明：待人真诚就不会被人怀疑，纯粹是一句空话。他写道："荆轲冒死为燕太子丹去行刺秦始皇，为燕国报仇，可是太子丹还一度怀疑他胆小畏惧，不敢立即出发；卞和将宝玉献给楚王，可是楚王硬说他犯了欺君之罪，下令砍掉他的双脚；李斯尽力辅助秦始皇执政，使秦国富强，结果被秦二世处死。俗话说："有白头如新，倾盖如故。意思是：双方互不了解，即使交往一辈子，头发都白了，也还是像刚认识一样；真正相互了解，即使是初交，也会像老朋友一样。相知与否，不在于相处时间的长短。"

梁孝王读了邹阳的信后，很受感动，立即把他释放，并奉为上宾。

情义是一种不能完全用理智去对待的情感。两个人之间的情义，与地位无关，与年龄无关，与时间亦无关。有些人，你即使与他相处一生，也无法了解他内心深处的想法；但有些人，你们即使只是初相遇，他也可以看出你心底最深处的渴望。

朋友关系也好，君臣关系也罢，只要以诚相待，定会换来一颗真心。

义气为天，田横舍生取义

田横是中国秦末起义军首领，原齐国贵族。陈胜起义后，随从兄田儋在狄举事反秦，田儋自立为齐王。后田儋与秦军交战败亡。田横兄田荣自立为齐王，以田横为将军，尽占齐地。

田横定齐三年，刘邦派郦食其前来游说，齐国君臣为其所动。不意汉将韩信率兵攻齐，齐军败退，齐将田横悲愤交加，为图复国之计，自立为王，率部属500人隐入海岛（即今田横岛）。

公元前202年，刘邦建"汉"称帝，派使者来岛招降："田横来，大者王，小者封侯，不来则举兵加诛。"田横出于"国家危亡，利民至上"的思想，为保全500部属性命，毅然带着两名随从前往洛阳朝见刘邦。

但行至洛阳30里外的尸乡时（今河南偃师），田横获悉刘邦召见的目的旨在"斩头一观"，愤然对随从说："当初我和刘邦都想干一番大事业，而如今一个贵为天子，一个却要做他的臣子，我忍辱负重只不过是想保全我们500人的性命，刘邦见我，无非是想看我面貌，此地离洛阳30里，若拿着我的人头快马飞驰去见刘邦，面貌还不会变。"言外之意是：我死，刘邦会认为岛上群龙无首，500人的性命也就保住了，于是慨然横刀自刎。

田横自杀后，刘邦看到田横能为500人自杀，感动地落泪说："竟有此事，一介平民，兄弟三人前赴后继为齐王，这能说不是贤德仁义之人吗？"然后刘邦以王礼葬田横于河南偃师，并封田横的二随从为都尉。

但是有情有义的两个随从不为官位所动，埋葬田横后，随即在其墓旁挖坑自尽。留岛的500兵士听说田横自杀后，深感"士为知己者死"，遂集体挥刀自刎。

田横是为了保全他人，而500义士是为了报答知遇之恩，才都作出了相同的选择。但是他们的壮举从根本上来说不也是出于自己心的召唤吗？如果为了生命舍弃义，在日后的生活中难以获得心灵上的平静，这样的"生"价值何在？

因此，选择义并不是对生的否认和贬低，恰恰相反，这样的人更珍视生命、对生命的要求更高，他们不容许自己蝇营狗苟得过且过。对他们来说，一生的碌碌无为不如刹那间的芳华绚烂，舍生取义，就是为了保全完整的生命，为了给生命画上一个亮丽的句号，如此方不辜负自己的心。

聂政感动天地

春秋末年，严仲子为韩哀侯做事，因受到韩哀侯的宠信，遭到了韩相侠累的嫉恨。严仲子害怕为侠累所害，于是逃离韩国，开始周游各地，并想寻找能够为自己报仇的侠义之士。后来他听说魏国轵地人聂政因在家乡杀人，为了避祸，所以携母及姐隐迹于齐国，且聂政其人仁孝侠义，武功高超，是一名值得结交的勇士。严仲子于是赶赴齐国，找到聂政的居所。他数次登门拜访，并备酒食亲自向聂母祝寿，还赠与聂母黄金百镒。

聂政虽然坚辞不受，但心里早将严仲子当成知己。他说道："我家里虽穷，但庆幸尚有老母在堂。我虽然客居他乡做了一名杀狗的屠夫，但是我仍然能凭此早晚得些食物奉养亲人。亲人可以奉养，衣食也不缺，所以我不能接受你的赐予。"

严仲子听到聂政如此说，便令其他人回避，然后悲愤地说道："我有一个大仇人，为报仇我到过很多诸侯国。但是到了齐国后，因为仰慕您的义气，所以进献百金，是要用它做您母亲的饮食之费，能够得到您的欢心已经足够，怎敢有其他奢求呢！"

聂政听后，明白了严仲子的意思，他说道："我所以降低志向做市井屠夫，只因为要奉养老母。母亲在，我不能以身许友。"

严仲子再三谦让,聂政还是不肯收下。严仲子只好作罢。

过了很久,聂母辞世。严仲子助聂政葬母,聂政感激万分。此后,聂政服母丧3年,此3年间,其姐出嫁,于是他自己到濮阳去拜见严仲子,询问严仲子仇家的名字,决定为他报仇,以报其以前的恩情。于是他孤身赴韩。

韩相侠累的府宅护卫非常森严。当时,侠累正高坐府堂,执戟甲士侍立两旁。聂政执剑直入韩府,诸多甲士反应不及,正自呆若木鸡时,聂政长剑已刺入侠累胸膛,侠累顷刻丧命。顿时府中大乱,甲士们醒悟过来,齐上前围攻聂政。聂政执长剑击杀数十人后,难逃重围,遂倒转剑柄,以剑尖划破面颊,剜出双眼,剖腹而死。

聂政死后,韩侯将其暴尸于市,并追查他的身份。聂政的姐姐聂荣听到这个消息后,对别人说:"此人一定是我的弟弟聂政,当初侠累的仇人严仲子与之相交甚深,聂政一定会报其知遇之恩。我应该前去认领。"于是马上动身赴韩,到暴尸处,看到聂政尸体。聂荣痛哭失声道:"这是轵地深井里人聂政啊!"

路上过往的好心人劝止道:"这是刺杀韩相的凶手,韩侯悬赏千金欲求其姓名,你不躲避,怎么还敢来辨认啊?"聂荣回答:"我明白。然而聂政之所以蒙受屈辱做一个市井屠夫,都是母亲在世,并且我未出嫁。严仲子不因其身份低下,屈身结交,这知遇之恩怎能不报? 正是士为知己者死。然而聂政不过是因为我还活着,所以才毁坏自己的身体,以免被人辨认出来牵连到我。但我怎么又能因为害怕牵连而任弟弟的英名被埋没呢?"

话刚说完,聂荣3次大呼苍天,便因悲哀过度、心力交瘁而死。

其姐弟的精神引起了后人无穷的感念。据说后来东汉有个叫蔡邕的,根据聂政的故事谱成了《聂政刺韩王曲》,而另有一人把它改编成《广陵散》,在被皇帝杀头时,还在悠然奏弹此曲。

为了朋友、为了家人牺牲自己的聂政,舍生取义,这种情操是值得人们学习与推崇的,这种情义,在亘古的历史中是最光辉的一笔。

第二章　义之价值标准：舍生取义，尽显高尚情操

娥皇女英，感动天地

相传帝尧有两个女儿，大的叫娥皇、小的叫女英。帝尧将王位禅让虞舜以后，并将两个贤惠的女儿嫁给舜，以辅助帝舜，管好国事。

但是，舜的父母和弟弟象阴险毒辣，对舜嫉妒、怨恨。他们设下了许多毒计，想要害死舜。娥皇和女英凭着她们的聪明和智慧，使舜一次次地转危为安。

有一次，象来到舜家，叫他去帮助父母修谷仓。原来，这是他们设下的圈套，想在舜修谷仓的时候放火烧死舜。先知的娥皇姊妹早就预料到了他们的诡计，她们给舜穿上一件五色斑斓的衣服。

第二天，舜来到父母家，正当他在谷仓上修顶的时候，凶残的父母果然撤掉梯子，放起了大火。舜焦急万分，伸开手臂向青天呼救。就在他张开手臂，露出五彩衣上的全部图案时，五彩衣忽然变成了羽毛，舜立时化作大鸟，在烈火和浓烟中冲上蓝天。看到这个景象，他的父母和象目瞪口呆。以后，舜在心爱的妻子帮助下，又接连躲过父母的两次陷害。

舜接替王位后，娥皇封为后，女英封为妃。舜不负尧的信任，让禹治洪水，使人民过上了安定的生活，娥皇、女英也鼎力协助舜为百姓做好事。舜帝晚年时，九嶷山一带发生战乱，舜想到那里视察一下实情。舜把这想法告诉娥皇、女英，两位夫人想到舜年老体衰，争着要和舜一块去。舜考虑到山高林密，道路曲折，于是只带了几个随从，悄悄地离去。

娥皇、女英知道舜已走的消息，立即起程。追到扬子江边遇到了大风，一位渔夫把她们送上洞庭山。后来，她俩得知舜帝已死，埋在九嶷山下，便天天扶竹向九嶷山方向泣望，想起几十年的夫妻恩爱，她们的眼泪再也止不住了，像泉水一样奔涌出来。这伤心的泪水洒在南方的竹子上，留下了斑斑点点的泪痕。后来，人们就把这种斑竹叫作"湘妃竹"，用来纪念这两位善良的女子。

舜是很明事理的人,而他的两位夫人更是明事理的人。而正是她们的明理才可以达到家庭的和谐。可见她们是多么聪明贤惠呀。她俩用智慧和宽容,不但极大地成全了舜的名声,而且组成了一个美好的家庭。后世在《列女传》里将两位列入"母仪传"第一,称"二妃德纯而行笃",大大予以赞赏。

一个半朋友

从前有一个仗义的人,广交天下豪杰武夫。临终前他对儿子说:"别看我自小在江湖闯荡,结交的人如过江之鲫,其实我这一生就交了一个半朋友。"

儿子纳闷不已。他的父亲就贴在他的耳朵边交代一番,然后对他说:"你按我说的去见见我的这一个半朋友,朋友的含义你自然懂得。"

儿子先去了他父亲认定的"一个朋友"那里,对他说:"我是某某的儿子,现在正被朝廷追杀,情急之下投身你处,希望予以搭救!"这人一听,容不得思索,赶快叫来自己的儿子,喝令儿子速速将衣服换下,穿在了眼前这个并不相识的"朝廷要犯"身上,自己儿子却穿上了"朝廷要犯"的衣服。

儿子明白了:在你生死攸关的时刻,那个能与你肝胆相照,甚至不惜割舍自己亲生骨肉搭救你的人,可以称作你的一个朋友。这就是"一个朋友"的选择。

儿子又去了他父亲说的"半个朋友"那里。把同样的话叙说了一遍。这"半个朋友"听了,对眼前这个求救的"朝廷要犯"说:"孩子,这等大事我可救不了你,我这里给你足够的盘缠,你远走高飞快快逃命,我保证不会向官府告发……"

儿子明白:在你患难时刻,那个能够明哲保身、不落井下石加害你的人,也可称作你的半个朋友。这就是"半个朋友"的选择。

一个哲人曾说过:"把快乐告诉一个朋友,你将得到两个快乐;如果你把忧愁向一个朋友倾吐，你将被分掉一半忧愁。患难时，出手帮助的人也只能是朋友。"你有没有真正的朋友？谁会在你危难时舍身相救？请用心去结识自己生命中的朋友。

义气墩的传说

燕国的左伯桃、羊角哀关系一直不错，听说楚国招纳贤人，两人就结伴去楚国。

他们穿着单薄的衣服来到东刘村时，不幸遇到大雪，而且有很大的寒风。随身带的食物都快吃完了，周围还没有什么人，他们又冷又饿，慢慢地，他们慢慢地失去知觉。

等他们再次醒来的时候，天气没有任何变化，还是非常的恶劣，左伯桃担心起来，他想，如果继续走下去，两人不是被冻死，就是被饿死，与其两个人一起死不如让一个人活，于是寻思把自己的东西给羊角哀一人用，这样羊角哀或许还能活下来。

羊角哀也同意左伯桃的话，但两人谁也不肯眼睁睁看着另一个人死掉。他们有很深的情义，都不想为了自己而让对方去死，他们商量了好久都没有下结论，最后分别去睡觉。

第二天醒来，羊角哀发现身上盖着左伯桃的衣服，旁边还放着左伯桃的干粮，却不见左伯桃的踪影，他找了好多地方，可还是没有左伯桃的身影。这时在他心里有一种不祥的预感。

他拼命地找，后来发现，左伯桃已经冻死在附近的一个树洞里。羊角哀大哭道："你是我今生最好的朋友，为了我你可以去死，这份情义我会永远记住的，我会为了你好好地活下去。"然后把树洞封好作了标志后，一边抹泪一边出发。

由于羊角哀很有才华，到了楚国后，羊角哀很受楚王的器重，过了不久，他被封为大将军，即使有了成就，他也没有忘记好友左伯桃。

有一天，他就把他们的故事告诉了楚王，并请求去拜祭左伯桃，楚王为他们的情义而感动，当即准假。

羊角哀把左伯桃安葬好后，就露宿在附近，夜里听到厮杀声，左伯桃托梦告诉他，附近的荆将军经常欺侮他。天明，羊角哀想去拆荆将军庙，但遭到当地土人的反对。

第二夜，他又听到厮杀声，不忍好友受欺，就自刎前去帮战。当地人很受感动，就把两人的尸首合葬在一处，取名义气墩，世代相传。

一个人总不可能跟所有的人生活在一起，因此，他也就不可能为每一个人而活着。若能真正认识到这个真理，人就会极度珍视自己的朋友。

就像那个"天堂与地狱"的小故事那样，地狱和天堂的差别就在于，在天堂里面，每个人都相互信赖，相互依靠，都愿意主动给他人提供食物，也乐意接受别人的帮助。而那些地狱里的人，就是不愿意成为朋友的陌生人，他们不愿意给别人食物。

其实，只要他们给别人递上手中的勺子，别人也会给他们送上食物。获得朋友的唯一办法是自己先成为别人的朋友。那些没有朋友的人，就像是那些身处地狱的人，他们总是羡慕别人的友情，哀叹自己形单影只，却不想想自己是否给别人带去了友谊。

十年生死两茫茫

苏轼，字子瞻，号东坡居士，眉州人。北宋著名文学家，豪放派词人代表。与父苏洵、弟苏辙，合称"三苏"。

苏轼在文艺创作各方面都有很突出的成就，词开豪放一派"自是一家"，然而读词人常为苏轼绝倒的，绝非仅止"大江东去"或者"老夫聊发少年狂"这样的豪放词句，其婉约词《江城子·十年生死两茫茫》也是世代传诵的佳作。

王弗，四川青神县乡贡进士王方之女，年方十六，与十九岁的苏轼成婚。王弗聪明沉静，知书达理，刚嫁给苏轼时，未曾说自己读过书。

婚后，每当苏轼读书时，她便陪伴在侧，终日不去；苏轼偶有遗忘，她便从旁提醒。王弗对苏轼关怀备至，二人情深意笃，恩爱有加。

苏轼为人旷达，待人接物相对疏忽，王弗便在屏风后静听，并将自己的建议告知于苏轼。王弗与苏轼生活了 11 年之后病逝。苏轼依父亲苏洵言"于汝母坟茔旁葬之"，并在埋葬王弗的山头亲手种植了 3 万株松树以寄哀思。

十年生死两茫茫，不思量，自难忘。千里孤坟，无处话凄凉。纵使相逢应不识，尘满面，鬓如霜。夜来幽梦忽还乡，小轩窗，正梳妆。相顾无言，唯有泪千行。料得年年肠断处，明月夜，短松冈。

这是怎样的相思，怎样的刻骨铭心，十年不曾忘记彼此的夫妻情义，这是执着，是专一。然而现在的都市，十年不忘的感情少之又少。那么，我们是否能在灯红酒绿的世界里找到这份爱情呢？

第三章

礼之价值标准——不学礼，无以立

"礼"是中国古代社会准则和道德规范之一。春秋时的政治家子产最先把礼当作人们行为的规范。孔子也要求人的言行符合礼，这"礼"既指周礼的礼节、仪式，也指人们的道德规范。

他对礼进行了全面的论述，提出了"克己复礼"的观点；把礼当作调整统治集团内部关系的手段，当作治国治民的根本。

荀子也很重视礼，把礼看作节制人欲的最好方法。战国末和汉初的儒家对礼作了系统的论述，主张用礼来调节人的情欲，使之合乎儒家的道德规范。

王珪以礼行事

王珪，字叔玠，隋朝至唐初祁县人，出身于世代官宦之家，"性沉澹，志量隐正"。王珪幼孤，家境贫穷。个性雅澹，少嗜欲，而且志量沉深，能安于贫贱，体道履正，交不苟合。

王珪一生崇尚儒学，以儒家忠孝仁义礼等自励，是唐初有名的诤臣之一，与房玄龄、杜如晦、李靖、温彦博、戴胄、魏徵等人同为"贞观名臣"。

有一次，太宗命评论诸臣优劣，王珪从容对曰："孜孜奉国，多谋善略，我不如房玄龄；能文兼武，出将入相，我不如李靖；敷奏说明，条理清晰，我不如温彦博；办事干练，案无滞留，我不如戴胄；忠诚无私，犯颜直谏，我不如魏徵。然而，激浊扬清，疾恶好善，我比他们有一日之长。"这番话深受太宗称道，感慨地说："卿如常居谏官，朕必永无过失。"王珪任谏议大夫时，推诚尽节，多所献纳。

王珪是一个非常念及旧情的人。他自少孤贫，及至显贵以后，一一厚报所有接济过他的人，即使恩人已死，也要回报恩人的妻儿，以回报别人对他的恩情。

王珪事寡嫂尽礼，抚养孤侄亦恩义隆厚；亲戚们要是有难处，他知道后一定多加照顾，也因此他的家庭算不上丰裕，日常非常节俭。

他的品行得到了唐太宗的赏识，所以唐太宗将自己喜爱的女儿南平公主下嫁给了王珪的次子敬直。按照当时的皇制，公主下嫁臣民，并不拜见翁婆，因为公主的地位要比夫家高，所以可以免跪免拜。

但是王珪觉得，中国是讲礼的，自古都是晚辈向长辈跪拜的，所以坚持以"礼"行事，坐在高堂上接受公主的跪拜。唐代公主下嫁拜见公婆，就是从王珪开始的。

魏王李泰曾是王室弟子中最得唐太宗宠爱的人，有人认为太宗对他太过宠溺，恐怕日后会生是非，因而进谏。

第三章 礼之价值标准——不学礼，无以立

太宗特请王珪兼任魏王师。王珪既坚持开创公主拜见公婆的规矩，因而也以师道自居，接受魏王的拜礼。他一方面教魏王忠孝之道；一方面则从建立国家礼制上压抑魏王的气势，因而颇获好评。

礼貌是做人的一个大前提，没有适宜的行为礼貌会让你四面楚歌。礼貌待人，这个道理许多人都很清楚，可做起来不一定就完美、轻松。我们必须从平时的一点一滴做起，加强修养，同时更重要的是小心谨慎地来培养好的习惯。

君臣之礼

顾雍是三国时期吴国孙权的第二任丞相。自黄武四年（公元225年）六月至赤乌六年（公元243年）十一月，他担任丞相近19年之久，是吴国任职时间最长的丞相。

弱冠之年，顾雍即由州郡官吏表举推荐，开始步入仕途，屡有建树。后他累迁大理奉常，兼领尚书令，总揽直接对君主负责的一切政令，并被封为阳遂乡侯。

黄武四年五月，当时的东吴丞相孙邵病逝后，谁来继任一时成为公众关心的焦点。当时，呼声最高的是东吴开国元勋张昭，但是，孙权经过一番反复权衡，任命顾雍为丞相。在顾雍的精心辅助下，吴国在不长的时间内出现了全面兴盛和繁荣，人称他为"东吴名相"。

《世说新语》记载，无论他对于客人还是君主都非常的讲礼，爱子顾邵被派到豫章做太守，由于操劳过度染病而死。消息传来时，顾雍正在和手下的人下棋，他双手紧握，指甲都把手掌刺破了，血滴在棋盘上，但神色不变落子依旧，还是坚持把棋下完，因为他认为，在客人面前失态是一件很失礼的事情。等客人都走后，他才忍不住用毛巾捂住脸号啕大哭起来。哭完，愁容散去，神色自若，像没有事一样。

顾雍身居高官，除了自身清廉公正，对于君臣之间也是非常讲礼的。有一次，孙权侄女出嫁，女婿是顾雍的外甥。顾雍父子及孙子顾谭前往庆贺，参加喜宴。当时，顾谭的官职是负责选拔官吏的选曹尚书。那天孙权也非常高兴，所以众人十分尽兴。顾谭喝了很多的酒，一副醉醺醺的样子，曾多次起身跳舞，而且跳个不停。

顾雍见顾谭喝醉了，虽然很生气，但因考虑场合与情面，当场不便发作。第二天一早，他就将顾谭叫去，严厉斥责，警告顾谭下不为例，并罚"背向壁卧"，足足一个时辰，才允许他离开。

根据记载，公元242年，顾雍染病，第二年十一月病故。孙权着素装亲自吊丧，谥曰肃侯。孙权死后10多年，景帝孙休下诏称"故丞相雍，至德忠贤，辅国以礼"，并封顾雍次子承袭爵位为醴陵侯。

君臣之礼的"礼"就是仁慈、爱护和礼敬，君主要用这样的心情来使用自己的臣子。这个"忠"就是忠贞不贰、兢兢业业，就是不离不弃不背叛，臣子要用这样的心情来侍奉君主。这就是孔子的"君臣"之道，这个道就是以心换心，与"父慈子孝、兄友弟恭"构成了中国基本的人伦道德。

每一个人都值得你尊重

南齐的王僧虔楷书造诣极高，许多官宦人家都以悬挂他的墨宝为荣，一时之间，流传着一种说法：王僧虔楷书不输王羲之，乃当今天下第一！

当朝皇帝齐太祖萧道成素来爱好书法，对王僧虔的盛名一向很不服气，于是下旨传王僧虔入宫"比试"。在大臣、随从的簇拥下，君臣二人屏息凝气，饱蘸浓墨，各自挥毫写下一幅楷书。搁笔之际，齐太祖头一扬，双目紧紧盯住王僧虔，问道："你说我们两人，谁第一，谁第二？"

王僧虔额头冒出了冷汗，皇帝的书法虽有一定功力，但毕竟称不上炉火纯青。可是这位自负的皇帝又怎会甘心位居人后？昧着良心说谎，承认皇上技高一筹，固然不会得罪人，但这样的事王僧虔根本不屑去做。

王僧虔沉吟片刻，突然朗声长笑："臣心中已有分晓。臣的书法，大臣中排名第一；而皇上的书法，绝对是皇帝中的第一！"齐太祖闻听此话，先是一怔，继而很快理解了王僧虔的良苦用心，他为自己留足了面子，又不失其气节。齐太祖不由得哈哈大笑，王僧虔也松了口气。

尊重能够增进君臣之间的感情，化解矛盾冲突，赢得对方的好感，美化自己在其心目中的形象。出于对齐太祖的尊重，王僧虔才会在众目睽睽之下保全其威风，而不是傲慢地指出皇帝不如自己。

一般而言，上司在某些方面会比下属高出一筹，如工作经验丰富，有较强的组织、管理能力，看问题有全局观念等。也有些上司具备很多个性方面的优点，如性格直爽、办事果断、工作细心等，这些都值得下属尊重和学习。

人无完人，上司一样会有缺点，会犯错误，这是无法避免的，这时，有些下属就会觉得上司水平太低，表面服从，心里却缺乏尊重，甚至顶撞、抢白上司，时时处处表现出自己高出上司一筹，缺乏对上司最起码的尊重，会使自己与上司的关系严重恶化；何况，不尊重他人本身就是缺乏修养的表现，更会导致同事的轻蔑和不满，这样的人在一个集体中是最不受欢迎的。

当然，尊重不是无原则地讨好、献媚，奉承会让上司放松自律之念，滋生骄傲情绪，也会让整个集体弥漫着一股不正之风。当上司有这样或那样的不足时，要掌握分寸巧妙地提醒、善意地规劝。

不做"好好先生"

明代冯梦龙在《古今谭概》中讲了一个"好好先生"的故事。说的是东汉末年有个叫司马徽的人，无论别人讲什么事，他一律回答"好"，对人也非常有礼貌，久而久之，别人送他一个"好好先生"的绰号。

但是这位"好好先生"讲面子不讲人格，讲人情不讲原则，认为"坚持原则是非多，碰着硬茬麻烦多，平平稳稳好处多，拉拉扯扯朋友多"。他的不讲原则，一开始人们会觉得他很好说话，可是后来越来越觉得他没有原则，没有立场，所以人们选择远离他，最后他孤独终老。

这样的处世原则，只是在让自己少一点麻烦，其实对社会是无益的，如果对不道德的行为也总是一味地说"好"，那么对社会来说就是一种危害了。冯梦龙正是看到这种思想暗藏在很多人的灵魂之中，就写出来加以讽刺。

唐朝有个文学家叫苏味道，曾经官居相位，当时武则天执政，国家的气氛非常紧张，他就以处世圆滑、模棱两可而著称。他对人总是一副恭敬的样子，别人问他对某件事情的看法，他从来都不会给出一个准确的答案。他经常对他周围的人传授他的处世"真经"，叫作"处事不欲决断明白，若有错误，必贻咎谴，但模棱以持两端可矣"。"模棱两可"这一成语即出自《旧唐书·苏味道传》。后人对苏味道的评价，也就不是很高。毕竟大家都欣赏敢于坚持自己的原则的人。

子曰："乡愿，德之贼也。"孔子所谓乡愿是指伪君子，指那些看似忠厚实际没有一点道德原则，只知道媚俗趋时的人。道德伪善者（所谓的好好先生）是偷道德的贼。可见孔子对行为处世没有礼法的人的厌恶。

如果心中知道礼，做任何事情都有一个原则，就不会模棱两可，而是按照礼仪来做。一个有道德的人，为人处世必然不会超越礼的范围。因此，在我们想要培养自己的美德的时候，先看一下自己是不是做到了最基本的文明礼仪。

程门立雪，尊师求学

程颢，北宋人，字伯淳，人称明道先生，原籍河南府，生于湖北黄陂县。程颢为宋代大儒，理学家、教育家，封"先贤"，奉祀孔庙东庞第 38 位，与程颐为同胞兄弟，世称"二程"。

"二程"早年受学于理学创始人周敦颐，宋神宗赵顼时，建立起自己的理学体系。他们为人正直做事严谨，到他们门下求学的人特别多，杨时和游酢便是其中的两位。

杨时，字中立，官至龙图阁直学士致仕，悠游林泉，以读书讲学为事。东南学者推为"程学正宗"。朱熹、张式的学部，皆出于时。

游酢，字定夫，建州建阳人。初与兄醇俱以文行知名，所交皆天下士。

杨时自幼聪明好学，反应灵敏，口齿伶俐。成年后，他虽然考取了进士，却淡泊名利，为了丰富自己的学问，毅然放弃了高官厚禄，跑到河南颖昌拜程颢为师，虚心求教。程颢死后，他仍然立志求学，刻苦钻研，又跑到洛阳去拜程颢的弟弟程颐为师。

游酢是杨时的好朋友，他们两人志同道合，经常就一些问题秉烛夜谈。他听说杨时要去拜程颐为师，便也不辞辛苦，与杨时结伴而行。

他们到了程家，正遇上程老先生闭目养神，坐着假睡。这时候，外面开始下雪。两人求师心切，便恭恭敬敬侍立一旁，不言不动，如此等了大半天，程颐才慢慢睁开眼睛，见杨时、游酢站在面前，吃了一惊。

这时候，门外的雪已经积了一尺多厚了，而杨时和游酢没有一丝疲倦和不耐烦的神情。程颐见了感动不已，于是将自己的学问倾囊相授。杨时和游酢也不负众望，都成了饱学之士，杨时更独创学派，世称"龟山先生"。

俗话说："一日为师，终身为父。"中国自古以来就有"尊师重教"的观念，提倡将那些授予自己知识的人当作自己的长辈来看待，这不仅仅是对为师者的尊敬，更是对知识的尊敬。杨时恰恰是尊师重道、求学若渴的榜样。

学习既需要有虚心和诚恳的态度，也需要有尊师重道的精神。人们如果失去了尊师的精神，必然就失去了求学的恳切，这样的人根本无法得到任何有用的学识。

尊师最终成大器

魏昭是东汉时期知名儒家学者，东汉南阳人。郭林宗汗牛充栋，熟读各家典籍，乃是远近闻名的大儒。魏昭在都城洛阳做官，早在太学就学时，他就久闻郭林宗的大名，尽管郭林宗远在南阳，而自己在京城任官，但是他不管这些，毅然决定拜其为师。

当他还在童年求学的时候，看到郭林宗，心想这是一位难得的好老师，便对人说："教念经书的老师是很容易请到的，但是要请到一位能教人成为老师的人，就不容易找到了。"所以他就拜郭林宗为老师，而且派奴婢侍奉老师。

但是郭林宗体弱多病，身体非常不好，经常发病。一日深夜，郭林宗想喝粥，仆人赶快来为他熬粥。这时，郭林宗拦住仆人，大声说道："不，让魏府尹来！"

魏昭赶快接过粥罐为郭老师熬粥，"老师，请喝粥。"

"太烫了，端下去重熬！"魏昭二话没说，又熬了一遍。

"太苦啦，重熬！"郭林宗脸色乌黑。魏昭的随从又忍不住了："老爷，不要在此求学了。此人过分之极，我等应立刻返回京城！"

"休得胡言！"魏昭第三次熬了粥，毕恭毕敬地端到了郭老师的面前。这时，郭林宗真的被感动了。

郭林宗笑着说："我以前只看到你的外表，今天终于看到你的真心啦！"于是大喜，将毕生所学教给了魏昭，而魏昭也终成大器。

中国传统民居的堂屋中间一般供奉天地君亲师，可见师是仅仅次于父母的长辈。故以前称呼老师都是师父，便是严师如父的意思。魏昭尊敬老师，所以老师将毕生所学传授给他，魏昭不仅学习了知识，更把尊师重道这一美德发扬光大。

尊敬师长，古之美德

东汉时期有个著名的学者叫郭泰，他不仅知识渊博，而且人品高尚，因此，有不少读书人都争着拜他为师。

有个叫魏照的少年，他从小就立下大志，要成为一个有学问的人。他听说郭泰学问高深，于是去拜他为师。他很尊重老师，每天都非常谦卑地请教学问。

刚开始，魏照跟别的学生一样每天到老师家里听课，早来晚走。后来，他干脆把行李搬到了郭泰家，整天和郭泰形影不离。郭泰很奇怪，就问他："别人都是早来晚走，你为什么要住在我家呢？"

魏照诚恳地说："现在要找一个能传授知识的老师很容易，但要找一个能教人如何做人的老师很难。我和您住在一起，就可以随时观察和模仿您的言行，学习您的为人处世。这样一来，我就知道如何待人接物了。"

一席话使郭泰很受感动，于是更加耐心向他传授知识。后来魏照也成为博学高尚的人。

有些时候对待老师的尊重不仅是在每天的行为上，更是对知识、对其为人的尊重。只有学到有德之人的长处，才能丰富自己从而更好地完善自己。

宋朝时，岳武穆（岳飞）的老师周同的力气很大，可以拉开300斤的弓箭。岳武穆非常敬佩和尊敬这位老师，每当老师过寿的时候，岳武穆都大办宴席给老师祝寿。

在平时的学习中，他也与老师形影不离，从来不放弃与老师切磋的任何机会，周同死了之后，每到初一、十五，岳武穆一定到老师的墓前祭拜，并且痛哭一番。

在痛哭后，必定会拿起老师所送的300斤的弓发出3支箭才回去。他这份念念不忘师恩的真情，正是他日后精忠报国的忠心。

尊敬老师是自古的美德，无论是平民、大臣及皇帝都推行尊师重教。

桓荣字春卿。生于西汉成帝阳朔、鸿嘉年间。西汉建武二十八年（公元52年），桓荣被拜为太子少傅，后拜为太常。明帝刘庄即位，对桓荣倍加敬重，尊以师礼，拜为五更，旋封其为关内侯。桓荣80余岁卒，明帝赐葬于洛阳城外首山之阳，亲自为其送葬。

桓荣是汉明帝的老师，而明帝对老师一向非常尊敬。有一次明帝到太常府去，在那里放了老师的桌椅，就请老师坐在东边的方位，又将文武百官都叫来，当场行师生之礼，亲自拜桓荣为老师。明帝能放下自己尊贵的身份来恭敬老师，可见他的用心与风范，值得大家学习。

桓荣生病，明帝就派人专程慰问，甚至亲自登门看望，每次探望老师，明帝都是一进街口便下车步行前往，以表尊敬。

进门后，往往拉着老师枯瘦的手，默默垂泪，良久乃去。当朝皇帝对桓荣如此，所以"诸侯、将军、大夫问疾者，不敢复乘车到门，皆拜床下"。桓荣去世时，明帝还换了衣服，亲自临丧送葬，并将其子女作了妥善安排。

举凡弟子要能够成才，首先要懂得向老师虚心求教，尊重老师，而在跟随老师的同时，就应该明白恭敬侍奉师长的道理。须知父母养育我们，师长教导我们，是一样的恩泽，怎么可以不尊敬呢！一个能尊敬老师的人，也就能重视学业；相对地，也就是尊重自己。

第四章

智之价值标准：华夏智慧，取之有道

> 智慧可以是关于一个人聪明的形容词，用来形容这个人很少会出问题，如古希腊的爱智慧，中国的有智慧、有慧根，等等。可见，人们对于追求智慧是有非常强烈的欲望的。
>
> 知识、经验与智慧的关系就像是生活与艺术的关系一样，艺术来源于生活又高于生活，智慧来源于知识和经验，却又高于它们。有位名人常常将知识和经验比作我们储存在银行中的金钱，必要的时候可以用来购买智慧，但金钱能够买到的东西永远填充不满人的欲望。智慧却像为你创造了无穷财富的神奇秘方，是取之不尽、用之不竭的宝藏。

知识更需要尊重

一次，孔子外出讲学，正坐车赶路，走到一个路口，见到有几个小孩子在路上玩堆沙子的游戏，他们用沙子垒了一座城池，正好挡住了他的去路。于是孔子问他们："你们见到马车过来，为什么不让开？"

其中一个名叫项橐的孩子回答道："自古以来都是车绕城走，哪有城给车让路的道理？"

项橐的回答，让孔子感到很意外，孔子便决定考考他。孔子一口气提出了40多个涉及天文地理、自然现象、伦理道德等方面的问题，项橐都一一回答了。

然后，项橐对孔子说："听说孔先生很有学问，我也问孔先生几个问题。"孔子笑着说："请讲。"

项橐朝孔子拱拱手问："什么水没有鱼？什么火没有烟？什么树没有叶？什么花没有枝？"

孔子听后说："你真是问得怪，江河湖海，什么水都有鱼；不管柴草灯烛，什么火都有烟；至于植物，没有叶不能成树；没有枝也难于开花。"

项橐听了，一直笑，晃着脑袋说："不对。井水没有鱼，萤火没有烟，枯树没有叶，雪花没有枝。"

孔子惊叹于项橐的聪明，被深深折服，俯下身对项橐和蔼地说："后生可畏啊！老夫愿拜你为师。"

学问没有年龄高低之分，孔子能低身拜项橐为师，不仅是对项橐的尊重，更是对知识的尊重。

第四章 智之价值标准：华夏智慧，取之有道

王充著书立说，传承智慧

王充在年幼的时候，就表现得相当聪颖。他6岁开始学识字，8岁进私塾学习，《论语》《尚书》等晦涩深奥的典籍，他一天就能一字不差地背诵1000多字。15岁时，凭借优异的成绩，来到京都洛阳太学深造。王充置身于此，如鱼得水，他不仅熟读了诸子百家，而且对自然科学和医学等有一定的研究，这在他的传世之作《论衡》一书中得到了充分的反映。

王充著述虽很多，但最终流传于世的只有《论衡》一书。《论衡》分为30卷，共存篇目85篇，其中《招致》一篇只存篇目，故实存84篇，总计30万字。这部书是王充耗费30多年心血撰著的，堪称是充满战斗精神的唯物主义哲学巨著，王充的哲学思想主要是通过该书传承下来的。

王充继承了老子等人的天道自然无为的思想，发展了荀子的唯物主义思想，辨明了天道与人道的差异；客观地论证了形神的关系；丰富、发展了唯物主义的一元论。

王充首先肯定了天地的物质属性。至于人，王充认为也是自然界的一部分，是禀受天地之气而构成的。"虽贵为王侯"，但"性不异于物"。

在对人与物进行比较的过程中，王充认为"天地之性人为贵"，之所以如此，是人禀受了元气中的精华成分，即"精气"。精气本身并无感知性，只有依存于人的形体之中，才能够产生感知作用。为了进一步批驳神授君权的唯心理论，王充对天人感应论，特别是灾异谴告说和符瑞，给以全面的揭露。

以其"天道自然无为"的观点，无情地揭穿了"君权神授"说的伪装，动摇了封建帝王统治的理论基础，这在当时，尤其是对其后的历史影响是相当深远的。

依据"天道自然无为"的自然观,王充建立了自己的无神论思想体系,集中批评了人可得道成仙以及死后为鬼的说法,充分体现出王充唯物主义的哲学观点。透过王充对各种鬼神迷信的批驳,可以发现其观点在广度和深度方面都有相当的突破。他吸收了先秦以来形式逻辑方面的成就,以子之矛,攻子之盾,使得封建神学家们的理论陷入难以自圆的自相矛盾之中。

王充强调学用结合,重视实行效果。他否认生而知之,主张学而知之,重视后天的经验。从王充上述主要观点看,他的唯物主义认识论,基本上是朴素的、直观的,因此,他未能彻底解决认识论中由感性认识到理性认识的辩证关系,他和历史上一切旧唯物主义者一样,都是离开人的社会性,离开人的历史发展去观察认识问题的。王充通过一系列有针对性的、不懈的论战逐渐形成了较为完整的系统,具有自己风格特点的哲学体系。

站在历史的、客观的角度而言,王充以其划时代的朴素唯物主义体系——元气自然论的唯物主义理论和不懈无畏的战斗精神,而名垂青史。

百尺竿头,提升智慧

百尺竿头,比喻极高的官位和功名,或学问、事业有很大的成就;佛教比喻道行、造诣虽深,仍需修炼提高。比喻虽已达到很高的境地,但不能满足,还要进一步努力。

宋朝时期,长沙有位高僧名叫景岑,号招贤大师。他佛学造诣高深,时常到各地去传道讲经。大师讲得深入浅出,娓娓动听,听的人总是会深受感染。

一天,招贤大师应邀到一座佛寺去讲经。前来听讲的僧人虽然很多,但法堂内除了大师的声音外,一片寂静。大师讲经完毕后,一名僧人站起来,向他行了一个礼,然后提了几个问题,请求大师解答。

大师还了礼,慢慢地回答他。那僧人听到不懂处,又向大师提问,于是两人一问一答,气氛亲切自然。他俩谈论的是有关佛教的最高境界——十方世界的内容。为了说明十方世界究竟是怎么回事,招贤大师当场拿出了一份偈帖。所谓偈帖,就是佛教中记载唱词的本子。

大师指着偈帖上面的一段文字念道:"百丈竿头不动人,虽然得入未为真。百丈竿头须进步,十方世界是全身。"意思是:百丈的竹竿并不算高,尚需更进一步,十方世界才是真正的高峰。

鲁迅说过:"不满足是向上的车轮。"人最强大的对手,不是别人,正是你自己,唯有超越自己,才能达到真正的进步与成功。"不满足"是一种盼望,是一种追求,是一种对美好事物的向往。

只有永不满足,人类才能从低级走向高级,才能从原始社会山洞草棚为居、树叶兽皮为衣的艰难困苦中摆脱出来,才能从过去的石制工具发展到今天的电子技术、太空航空。保持不满足,即使已经达到了"百尺竿头",仍需要"更进一步"。

秦穆公求贤若渴

历史上有很多求贤若渴的人物,其中秦穆公就是一例。《资治通鉴》中记载了秦穆公亡马的故事,可以看出司马光是非常赞赏秦穆公这个人的。

秦穆公的马被关外的"野人"给吃了,他没有追究此事,反而说"我听说吃马肉要喝酒,不然对身体不好",于是以酒相赠。后来,秦穆公被围,身处绝境的时候,300多个"野人"冲出来救了他,而且捉拿了敌人晋惠公。

一匹马换回了自己的性命,这是他没想到的事情。还有,秦穆公想找千里马,于是召见了这方面的权威伯乐,年老的伯乐推荐了自己的朋友九方皋。3个月后,九方皋说自己找到了一匹黄色的母马。

穆公派人把马牵来一看,却是一匹黑色的公马。"你介绍的找马人,连黄黑、公母都不分,怎能鉴别马的好坏呢?"伯乐说:"这正是他的高明之处啊!"后来一试,果然是一匹千里马。这件事情让秦穆公对人才的看法有了很大的变化。

在他妻子的陪嫁中,有一个叫百里奚的奴隶非法逃到越国,被逮捕了。百里奚本来是虞国的谋士,因为战败被俘成了奴隶。秦穆公听说他有才,就打算高薪招揽人才,但是不敢声张,最后只用5张羊皮就赎了他。楚人一看百里奚如此不值钱,也就大大方方地放了人。

百闻不如一见,秦穆公一见这位"五羖大夫",立刻失望地说:"原来年纪这么大了!"的确,那时的百里奚已经70多岁了。但古稀之年的百里奚说:"要是给大王逮鸟套狼,臣确实是老了点;不过治国安邦,我比当年的姜子牙还年轻10岁呢!"百里奚畅谈天下大事,果然有雄才大略,滔滔不绝,于是秦穆公让他主持国政。

经过百里奚的推荐,秦穆公又知道了蹇叔。百里奚说了这样一段话:"当年我在齐国游历时,是蹇叔收留了我。我两次听了蹇叔的话,都得以脱离险境;一次没听,就遇上了虞亡遭擒的灾难。"秦穆公一听还有比百里奚更有才的人,连忙派使者请蹇叔出山。百里奚、蹇叔就这样成为他的左、右庶长,秦国从此变得富强起来了。

秦穆公三十四年,他在接见前来考察的戎王使臣由余时,发现他谈吐不凡。本来秦穆公很是为自己的礼乐文明感到骄傲,带着好奇的语气问由余:"我们中原煌煌文化,但管理上还是有一些问题;你们西戎到处放牧,基本上没有礼乐来约束人民,管理起来岂不是更难?"

由余不卑不亢地说:"正是因为我们没有中间这些花哨形式,大王爱民如子,淳朴坦率,我们才比你们少了贪污和腐败。"秦穆公马上想到,不能让这样的人才留在西戎。于是给戎王送去了16名歌伎,还故意延误由余回国的日期。戎王只顾饮酒享乐,不理政事,牛马死了一半也不迁徙。由余回家以后多次劝诫,都被拒绝。士为知己者死,由余投靠了秦国,秦穆公以宾客之礼相待。由余后来成为秦国攻伐西戎的一员猛将。

秦穆公是领导当中求贤若渴的典范。他因伯乐识九方皋,因百里奚得蹇叔,从西戎引来由余,正是因为他身上这种重视人才的难得品质。可以说征服了一个优秀的下属,也就征服了一群优秀的人才。

第四章　智之价值标准：华夏智慧，取之有道

我们常说"物以类聚，人以群分"，一个优秀的人才背后，往往有一群志同道合的人，他们也绝非平庸之辈。所以对于缺乏人才的企业而言，善待一个能人，往往就会被引荐很多有相同气质的人前来，这样的企业，也就不用再为人才短缺而发愁了。

智君用智者

唐太宗身边除了有魏徵、房玄龄这样的治国良相，还有具有智慧才华的艺术人才虞世南。

虞世南自小勤奋好学，就像很多废寝忘食的书生一样，看到好书连盥洗都顾不上。他的文章婉缛，在隋朝时就非常有名。到了唐太宗时候，历弘文馆学士、秘书监。太宗认为虞世南有五绝：德行、忠直、博学、文辞、书翰。他的书法刚柔并重，骨力遒劲，与欧阳询、褚遂良、薛稷并称"唐初四大家"。

太宗爱好书法，虞世南就成了他的书法老师。史书上记载着这样一个故事：有一天，太宗写字时写到"戬"字，只写了"晋"的半边，他觉得"戈"字难写，就留着让虞世南写另外半边的"戈"。写成以后，唐太宗让魏徵来鉴赏，魏徵看了说："今窥圣作，唯戬字戈法逼真。"唐太宗暗暗赞叹虞世南的书法。一次，唐太宗想在屏风上书写《列女传》，没有临本，虞世南在朝堂上一口气默写出来，一字不错，赢得朝中文士的钦佩。

虞世南的代表作有《孔子庙堂碑》，他死后，唐太宗慨叹地说："世南死，没有人能够同我谈论书法了。"

虞世南在诗文方面的成就很多，他的诗风与书风相似，清丽中透着刚健。代表作有《出塞》《结客少年场行》《怨歌行》《赋得临池竹应制》《蝉》《奉和咏风应魏王教》等。虞世南这样的纯文人看起来没有什么实用价值，但是他们身上有着常人难有的东西，有一个历史故事就可以说明。

虞世南的哥哥虞世基是隋炀帝末期大名鼎鼎的奸佞之臣，整日附和邀宠，隐瞒外间起义消息。当时虞世基一家人贵宠无比，家眷的日用可以和皇宫媲美，但是虞世南一人谨慎艰苦，只知读书、写诗。隋炀帝被诛之后，一帮禁卫军闯入虞家，顿时血溅屋宇，惨不忍睹，但是士兵们没有对文质彬彬的虞世南下手。

　　唐高祖李渊死后，李世民下诏为父亲建造陵墓，打算以高祖刘邦墓长陵为模式，极其隆厚，耗资巨大。虞世南两次上疏谏阻，认为立国不久应当节用安民，主张"薄葬"。公卿百官也赞成虞世南的看法，又奏请遵照高祖遗诏办事，务从节俭。在虞世南和群臣的劝谏下，陵墓的规模大有减小。

　　太宗爱好打猎，虞世南也上疏屡次劝阻。有一次，唐太宗写了一首宫体诗，叫群臣应和。虞世南怕这种"体非雅正"的诗流传开去，影响不好，因此拒绝作应制诗。

　　唐太宗非常赏识虞世南的博学卓识、坦诚忠直，常同他谈论学问，一起讨论经史。每当谈论到古代帝王为政的得失时，虞世南就常说一些规劝讽喻的话。太宗常常对侍臣说："朕因暇日与虞世南商略古今，有一言失，未尝不怅恨，其恳诚若此。朕用嘉焉。"

　　有智慧才华的人会让人们欣赏，有智慧的君主懂得重用，方可达到共赏、共识、共进步。

　　智慧是实力的最好证明。不管是怎样性格怪异的人，只要有真才实学，能够解决现实问题，都能赢得别人的尊敬，可以说是有"智"者事竟成。

熟读而精思

　　陶渊明，字元亮，号五柳先生，谥号靖节先生，入刘宋后改名潜。东晋末期南朝宋初期诗人、文学家、辞赋家、散文家。东晋浔阳柴桑人。相关作品有《饮酒》《归园田居》《桃花源记》《五柳先生传》《归去来兮辞》《桃花源诗》等。

陶渊明开创了田园诗体，开辟了中国古典诗歌的另一种境界。在看透了官场尔虞我诈、腐败黑暗的丑恶内幕后，陶渊明尤其喜爱清静闲散的田园生活。

他在勤劳耕作之暇，或与好友饮酒畅谈，或在家里读书吟诗，生活十分惬意。他家门前有5棵大柳树，因此陶渊明自称"五柳先生"。28岁那年，他写了一篇《五柳先生传》，也就是他自己的小传。

在《五柳先生传》中，陶渊明写道："先生不知何许人也，亦不详其姓字；宅边有5柳树，因以为号焉。闲静少言，不慕荣利。好读书，不求甚解；每有会意，便欣然忘食。"意思是说：先生不知道是什么样的人，也不清楚他的姓名。他的住宅旁边有五棵柳树，因而就以"五柳"作为自己的号了。先生喜爱闲静，不多说话，也不羡慕荣华利禄。很喜欢读书，但对所读的书不执着于字句的解释；每当对书中的意义有一些体会的时候，便高兴得忘了吃饭。

"好读书，不求甚解"，这是陶渊明的一种读书心得，正是这种读书方法引起了后世的争论，到底是应该观其大略，期在会意，还是应该务精于熟，字斟句酌。其实，读书的目的不同，方法也就不同。

但是对学生而言，读书就要求我们一步一个脚印，哪怕只读一本，也会受益匪浅，正所谓"读书之法，在循序而渐进，熟读而精思"，对我们，对学生，未尝不是一种启发。

把握重点，变则通

南北朝时期，梁朝张僧繇是吴地人，他擅长画龙，而且画龙的艺术技法，已经到了出神入化的地步。

有一次，张僧繇在金陵安乐寺的墙上，画了4条白龙，活灵活现，呼之欲出。奇怪的是，这4条白龙都没有点上眼睛。许多观看者对此不解，问他："先生画龙，为什么不点上眼睛呢？是否点眼睛很难？"张僧繇郑重地回答:"眼睛是龙的精髓所在。点睛很容易,但一点上,龙就会破壁乘云飞去。"

大家都不相信他的回答,纷纷要求他点睛,看看龙是否会飞跃而去。

张僧繇一再解释,龙点了眼睛要飞走,但大家执意要他点睛。于是他提起画笔,运足气力,刚点了其中两条龙的眼睛,就乌云翻滚,雷电大作,暴雨倾盆而下。两条刚点上眼睛的白龙腾空而起,乘着云雾飞跃到空中去了,而那两条未点睛的白龙,仍留在墙壁上。大家惊得目瞪口呆,全都傻眼了。

龙的眼睛就是整幅画的关键无疑,张僧繇抓住了其中的奥秘与精髓,就如同掌握了童话故事中神秘的咒语一样。获取知识也一样,有些人听课的时候,毫无选择,将老师讲的每一句话都记下来,这样无疑会将老师提到的重点忽略掉。学习中的知识点是要掌握的,但提升能力关键在于方法。把握重点,掌握点石成金的"咒语",这样才能事半功倍。然而,光把握重点是不行的,要学会把知识用活,正所谓穷则变,变则通。

古时候,郑国有一个人想买一双鞋子,他先在家里量好了自己脚的尺寸,用一根绳子记录下来,他随手将绳子放在座位上,就出门了。

他来到集市上卖鞋的店铺里,左挑右选,终于看好了一双鞋,正准备买的时候,忽然发现自己量尺寸的绳子放在家里忘带了,就说忘了带尺寸,要回家拿来尺寸再买,说完就走了。

他匆匆忙忙地赶回家,拿了放在座位上的绳子后,又匆匆忙忙地赶回集市。来回花了将近两个小时的时间,等他返回集市的时候,太阳都要下山了,大多数店铺已经关门了。他来到卖鞋子的店铺前,看到已经关门了,再看看自己脚上鞋子的大洞,十分沮丧。

旁人问他:"你给自己买鞋,为什么不直接试试大小,非要按量好的尺寸买鞋呢?"他说:"我宁可相信我量的尺寸合适,脚却不一定准确。"

《易经》中说:"穷则变,变则通,通则久。"人要有一定的灵活性,突破定式思维,才能让一切变得更容易、简单。无论是解决生活中的问题和困难,还是提升自我,善于用变通的思维和方法是有助于一个人取得成功的。

变通决定出路，学会变通，就能在种种困境、麻烦面前游刃有余。不变通，就无法创造更高的价值；不变通，就只能守在原地，永远无法突破。从那个已经约定俗成的"框架"中跳出来，别让那个已经量好的"尺码"，成为前进路上的绊脚石。

重实践，理论与实际相结合

战国时期，赵国名将赵奢的儿子赵括，从小就熟读兵书。他一谈起用兵之道来，连赵奢都说不过他。日子久了，赵括便自以为天下没有人能比得上自己。但赵奢深知儿子没有带兵打仗的真本事，因此他临终前嘱咐赵括，千万不要担任将军的职务，否则必定会给赵国带来失败。

公元前262年，秦国进犯赵国。赵孝成王任命廉颇为大将，率军抵抗。久经沙场的廉颇领军40万前去抗敌，两军在长平展开了大战。廉颇见秦军强大，不能硬拼，便决定在长平筑垒固守，等到秦军粮草供给不足的时候再出兵作战。于是廉颇下令闭门不出，进行严密防守，不管秦军如何挑衅，都不应战。就这样，廉颇在长平坚守达3年之久，秦军没能得逞。秦国见一时无法取胜，就派人到赵国都城邯郸去散布流言，说廉颇惧怕秦兵，秦国特别怕赵王任命赵括为将。赵王果然中计，下令由赵括取代廉颇为大将。

赵括根本没有实际作战经验，一上任便改变了廉颇的作战方案，向秦军发起全面攻击。秦军假装战败，一直将赵军引到秦军大营前。赵括知道中计，可为时已晚。赵军成了瓮中之鳖。几十万赵军内无粮草，外无援军，陷入了绝境。

46天后，赵括决心孤注一掷地向外突围，还没冲到秦军的阵地前，就被乱箭射死了。主帅一死，赵军全线崩溃，40万大军全被秦军活埋。从此以后，赵国一蹶不振。

赵括空有理论，却忽视战场上的实际情况，他将自己所想的当成一种真知灼见，最终只能以失败而告终。

"做"与"想"是不一样的，它需要耗费脑力和体力，需要面对过程中的许多困难。只有将我们心中的所想变为现实，才能验证它是否可行。

从前，京城有个裁缝，他在给人做衣服时，对穿衣人的性格、年龄、相貌，以至这人什么时候中举等，都要详细询问一番。

很多人感到不理解，他说出了一套"短长之理"：如是年轻时中举，他必定性情骄傲，连走路都要挺胸凸肚，因此衣服要做得前长后短；如果年老才中举，大都意志消沉，走路难免要弯曲腰身，衣服要做得前短后长。

体胖体瘦，腰有宽有窄；性急性慢，衣服长短有别。有人认为这个裁缝很高明，不单单机械地量尺寸，而根据对象的特点决定衣服尺码。

裁缝根据人的特点来决定衣服的尺码，充分体现他具体问题具体分析的做事原则。所谓"具体问题具体分析"，就是要求人们在做事、想问题时，要根据事情的不同情况采取不同措施，不能一概而论。这就要求我们在学习和生活中，无论遇到什么事情都能根据实际情况采取相应的方法，这样才能取得最好的效果。

其实做任何事情都是如此，要想达到"良"的程度，就必须具体问题具体分析，只有这样才能认清现实和变化了的事实，从而使自己的理论能够与实际相结合，达到自己做好的目的。

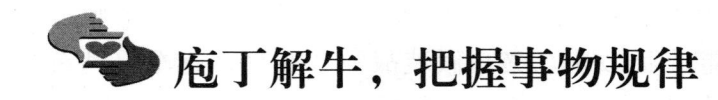

庖丁解牛，把握事物规律

相传梁惠王宫中有位厨师，姓丁，杀牛剔骨的技艺无与伦比，看他宰牛剔骨简直是一种艺术享受。惠王听到这种说法，怀疑是别人把这位厨师吹嘘得过了头，不大相信，便决定亲眼去看看他杀牛的过程。

只见这位厨师十分沉着，一招一势沉稳老到，分外熟练。宰牛时，厨师手脚并用，每个动作都显得那么娴熟，干净利落。在筋骨部位，只见厨师将刀轻轻划过，筋骨立刻分离，全然不像别的厨师那样费力，他进刀迅速、出刀利落，刀法精熟。

惠王看完厨师杀牛剔骨的全过程，觉得确实是一种艺术。他没想到，世间竟会有人将这样卑微的事做得如此出神入化，不禁赞叹不已。惠王用敬佩的语气问："你的手艺如此高超，是怎么练出来的呢？"厨师谦逊地回答："没有什么特别之处，只是我非常熟悉牛的骨骼结构。以我现在的手艺，我不用眼睛看也能将牛骨筋分离。"

惠王问："你达到现在的水平用了几年的时间？"

厨师说："大约3年。我刚开始学艺时，觉得每头牛都是很完整的。3年以后，我的眼中已看不到完整的牛了，不过是由筋骨和肉构成的框架，我只需将它拆散就是了。"

惠王又问："你的刀是否比别人的更锋利？"

厨师说："我的刀确实很锋利，但关键不在此。其他厨师的刀也很锋利，但他们经常把刀刃碰到骨头上，因此，不得不常常更换新刀，即使很有经验的老厨师每年也必须更换新刀。而我这柄刀已用了十几年了，仍然像新磨的一样。骨肉相接处看起来很窄，像是插不进刀子，可我的刀刃更窄，插进内缝还绰绰有余。我熟悉筋骨肌肉间的每道缝隙，只要看准缝隙下手，根本用不了大力气就能将骨头剔出来了。"

惠王听了厨师的话很受启发。他由此联想到，如果自己治国能如厨师剔骨一样，那国家还能治理不好吗？

每一个生物都是结构复杂的个体，要将它们解剖开来，并不是那么容易的事情，庖丁却很容易地做到了，关键在于他掌握了牛的机理。世间万物都有其固有的规律，只要你在实践中做有心人，不断摸索，就能透彻地了解和领悟人生的道理，把握事物内在的规律，那时，再复杂的问题也会迎刃而解。

放眼看世界，吸收精华

在中国近现代史上，林则徐是一位得到众多赞誉的政治家。其谥号"文忠"，是清朝皇帝表彰其维护朝廷长远利益的辛劳所赐，维新派则称颂其开学习西方"长技"之先河。

他到广东后，为了解敌情，偷偷地收集了一些关于西方的资料作为"内参"。他虽然不懂外语，却时刻注意"夷情"，派人专门收集外国人在澳门出版的报纸书刊，并把懂英文的人招到钦差行辕做翻译工作，成立了中国近代史上第一个官属的"西方翻译小组"。林则徐夜夜仔细阅读、研究译文资料，并把译成汉语的《澳门月报》编辑为《论中国》《论茶叶》《论禁烟》《论用兵》《论各国夷情》5辑。翻译小组翻译的书有《各国律例》以及其他的一些国外书籍。译书活动不仅开阔了他的眼界，也增长了他的见识。这些翻译资料成了他判断时局变化、调整对外政策的重要参考。

林则徐和那些还在大做"天朝"美梦的腐朽官僚有一个很大的区别，他发现并敢于承认西方有许多长处值得中国学习借鉴。翻译中最有价值的工作是他组织翻译了1836年伦敦出版、英国人慕瑞所著的《世界地理大全》，命名为《四洲志》，成为近代中国第一部系统介绍世界自然地理、社会历史状况的译著。

学习别人的先进技术来抵御外敌进犯很明显地体现在军事上。林则徐专门从外国买来200多门新式大炮配置在海口炮台上，搜集并组织了大炮瞄准法、战船图书等资料。虽然林则徐对西方认识比较肤浅，接触西学的目的是出于外交、军事的需要，但毕竟开创了中国近代学习和研究西方的风气。

离开了广东前线，他不忘关注世界动态，这一次不是学习什么西方造船造炮的技术，他窥见了十几年后的一件大事。当举国痛感英国威胁时，放逐新疆的他最早敲响俄患警钟。

鸦片战争中英国的坚船利炮，一时使国人感到很大威胁。然而林则徐在率先进行抗英后，又最早预见到北方俄罗斯的威胁更为严重。1849年10月，林则徐回家治病途经长沙时，经人推荐在船上见到了左宗棠。当时20多岁的左宗棠对这位老人无比钦慕，见面后便拜师求教，两人彻夜畅饮阔论天下形势，林则徐还把收集的资料毫无保留地送给了左宗棠。林则徐此前在新疆办理过屯垦和水利，深感西北边防存在重大隐患，当左宗棠请他畅谈对英国等海上强敌的制敌方略时，林则徐却说："俄罗斯终将是中国的一大隐患，我老了看不见了，你们年轻人等着瞧吧！"

林则徐注意到沙俄隐患绝非偶然，他早在广东抗英时就了解到俄国不但可以通过水路，也可从旱路运走中国的茶叶。后来，他充军到伊犁时，对国境附近的形势进行了3年的实地研究。尽管当时边境基本相安，但边界守备松弛，俄军实力逐渐强大，他预感到这一可任骑兵驰骋的陆地边患最为严重。由于清廷将守备力量多移往沿海，又以主力对付国内起义，林则徐死后仅十几年，沙皇俄国果然趁北方空虚，兵不血刃地侵吞了150万平方公里中国土地，不祥的预言变成了灾难性的事实。更糟糕的是，当时新疆也一度沦于外人之手，幸亏左宗棠后来始终记住林则徐的嘱托，力排众议率军远征收复了新疆，在中国近代受尽屈辱的历史上总算写下了令人欣慰的一页。从源头上讲，我们不得不钦佩林则徐的远见卓识，不能不为他忧国忧民的情怀感动。

一个国家在世界上的地位如何，不是做梦做出来的，而是放眼全球，比较得来的。林则徐知道了，也做到了。虎门销烟是他一生的壮举，治理伊犁是他一生的夕阳余光，御敌与治国他都做了，只要有利于国家的事情他在所不辞。他改变不了清廷走向灭亡的命运，但挽救了一场对比悬殊的比赛的局点，赢得了国人、外人和后人的尊重。

第五章

信之价值标准：人而无信，不知其可也

> 诚信是一种价值准绳、一种美德、一种品质，是我们中华民族的优良传统，为我们中华民族世代传承。我国素有"一诺千金"的传统美德，千百年来它一直给我们以深刻的启示与激励。可以说，诚信是我国传统文化宝库中的巨大财富，源远流长。而对于一个人来说，诚信是所有美德中最不可或缺的一种。

高山流水之交

春秋时期，楚国的一个小村庄中的一个樵夫的家里，年轻的钟子期垂危，年迈的父母守着病榻。"儿再不能对父母尽孝心了。儿死后，只请父母将儿埋在马安山那边的江边。"钟子期握着父亲的手说。"儿啊，为什么一定是那里！"母亲流着泪问。"为了守信、守约。"钟子期微弱的声音说，"父母知道，去年中秋，儿在那里遇到伯牙兄，临别时约定，今年中秋，伯牙兄要来我家，我说，到时候我去江边接他……不能活着去接，死了也要到江边，要信守诺言……"

钟子期说的是去年中秋的事。晋国士大夫俞伯牙奉晋主之命外出办事。回晋时走水路，八月十五之夜船行到汉阳江口，就停泊在岸边。

俞伯牙在船上弹琴时发现有人偷偷欣赏，就把这人请到船上。这人就是青年樵夫钟子期。交谈中，俞伯牙发现钟子期对他的珍贵的古瑶琴的来历十分了解，且对琴理十分精通，欣赏弹奏也十分内行。俞伯牙想着高山弹奏，钟子期就听出"巍巍乎志在高山"；想着江河弹奏，他就感叹"汤汤乎志在流水"。在这里遇到知音，俞伯牙激动异常，当时就同钟子期结为兄弟。两人谈心直到天亮，都觉得言犹未尽。

俞伯牙邀钟子期过些天到晋阳去，钟子期说："如果答应了贤兄，我就必须履行诺言。万一父母不允许我去，我岂不成了言而无信？我不敢随随便便答应了后来再失信……"

俞伯牙感叹后，决定明年来看望钟子期。

"仁兄明年什么时候来到？"钟子期问。"昨夜是十五，现在天亮了是十六。来年，我就是八月十五或十六来到，最晚不超过八月二十。爽约失信，我就不是君子。"俞伯牙说。钟子期说："既然如此，来年的八月十五、十六，我将在这里江边接你！"一转眼，到了次年。俞伯牙计算了日子，于是，收拾好行装启程了。

一路行来，陆路转水路，正好在八月十五夜里，水手报告离马安

第五章　信之价值标准：人而无信，不知其可也

山不远。俞伯牙依稀认得这就是去年停船遇见钟子期的地方。俞伯牙心情激动地站立船头四处张望。可是，没有望见钟子期的身影。

跟从的人有的知道俞伯牙到这里的目的，就说："大人，一年前的约会，谁还能记得？只有大人能不远数千里赶来，还一天都不晚。""我了解他。定是家中有不能脱身之事，我们去他家。"俞伯牙说着就起身。

走出十余里，俞伯牙迎面遇到一龙钟老者，在问路的交谈中知道他就是钟子期的父亲。俞伯牙向老人说明了来意。

老人流着眼泪向俞伯牙诉说了钟子期临终时的请求，最后说："你来的路上，离江边不远的新坟，那、那就是他，他在那里接你啊！"

俞伯牙闻言，大叫一声昏倒在地。俞伯牙醒过来后，跟着钟父来到新坟之前，不禁放声痛哭。他将瑶琴取出，盘膝坐在坟前挥泪弹琴，泪水随着琴声就像泉涌一样。一曲弹完，俞伯牙双手举琴往坟前的祭台用力摔去，珍贵的瑶琴被摔得粉碎。

俞伯牙向坟墓喊道："贤弟啊，你接我，我来了。我来了！我来了……"

像钟子期这样临终不忘自己的许诺，死后还要"守约"，确实难得；像俞伯牙这样宁可丢官也要履行与朋友的诺言，也确实可贵。后世传说他们的故事，这也是一个原因吧。

有位名人说过："做一个有信义的人胜似做一个有名气的人。"也许有一天，你会失去你所拥有的地位、财富、权力，但是你做人的信用不会被时间冲刷掉，它是你人生无形的财富。时刻用诚信点缀你的玲珑芳心，你自然会感受到生活的真实。

其实，人生路上，任何失败你都可以坦然面对，唯有失信于人是难以逆转的；任何原则都有灵活性，唯有诚信的原则是绝不可以妥协的，诚信让你的形象屹立不倒。从现在做起，想方设法把答应别人的事情完成。无限期地拖延你对别人许下的诺言，这对你的信用无益，也将严重破坏你的形象。

蔺相如完璧归赵

战国时期，赵惠文王得到了一块稀世珍宝——和氏璧，秦昭襄王听说后，也想得到这块宝玉，便派使者带着书信来见赵惠文王，说："秦王情愿拿出十五座城池来换这块和氏璧，不知赵王是否答应？"

赵惠文王拿不定主意：给吧，怕上当，不给吧，又怕得罪秦国。这时有个宦官对赵王说："我向大王推荐一人，此人名叫蔺相如，他见多识广，足智多谋，我想让他去秦国，肯定能将这件事处理妥当。"于是，赵惠文王派蔺相如为使者，出使秦国。

蔺相如来到秦国后，就献上和氏璧，哪知秦王看了赞叹不已，根本没有归还的意思。蔺相如看了暗暗着急，这时，计上心来，他对秦王说："大王，这块璧上有一个小小的污点，让我指给大王看吧！"秦王听了信以为真，把和氏璧递给了他。

蔺相如拿着和氏璧，退到一根柱子旁，对秦王说："看来大王并非诚心用十五座城池来换和氏璧，那就莫怪人小无理了。大王要是逼我的话，我就连同这块璧一同撞在这根柱子上！"

秦王怕伤了璧，忙命人拿出地图，将要交换的城池指给蔺相如看。蔺相如心知他只是做做样子而已，于是对秦王说："和氏璧不是一般的璧，赵王在送璧之前，斋戒了五天，大王也应斋戒五天，并在朝堂上举行隆重的仪式，我才敢把璧献上。"秦王无奈，只得答应了蔺相如的要求，准备斋戒仪式。

蔺相如晚上则偷偷地派人带着和氏璧回到了赵国。到了第五天，蔺相如不慌不忙地对秦王说："秦国很少有讲信义的君主，所以我怕受骗，就把璧送回去了。天下都知道秦国是强国，赵国是弱国，大王如果真想要那块璧，就先把十五座城池割让给赵国，赵国一定将璧呈上。"秦王很生气，但蔺相如说得句句在理，只能就此作罢。

俗话说："受人之托，忠人之事。"当我们的身上肩负着别人的托付时,心中便也有了相应的责任感,这是一种美德、一种信誉,也是一种道德规范和行为准则。蔺相如凭借自己的智慧与胆识,将赵王的托付顺利完成,这就是一种担当。

在与人交往的过程中,我们只有像蔺相如一样勇于担当责任,才能获得朋友的信任,从而得到最大的回报。

季布守信,一诺千金

秦朝末年,在楚地有一个叫季布的人,性情耿直,为人侠义好助,只要是他答应过的事情,无论有多大困难,他都会设法办到,因此广受大家的赞扬。许多人都同他建立起了浓厚的友情。当时人们常说:"得黄金百斤,不如得季布一诺。"

楚汉相争时,季布是项羽的部下,曾几次献策,使刘邦的军队吃了败仗。项羽兵败后,季布孤身一人杀出重围,开始了他亡命天涯的生活。而当了皇帝的刘邦一想起这事,就气恨不已,于是下令通缉季布。

那些仰慕季布的人,都在暗中帮助他。不久,季布化装后,到山东一户姓朱的人家当佣工。朱家明知他是季布,仍收留了他。后来,朱家去找汝阴侯夏侯婴说情。在夏侯婴的劝说下,刘邦不仅撤销了对季布的通缉,还封他做了郎中,不久又改做河东太守。

季布有一个同乡曹邱生,听说季布做了大官,就马上去见季布。但季布对他有些误会,知道他要来,就虎着脸,准备发落几句,让他下不了台。

谁知曹邱生一进厅堂说:"你我都是楚地人,既是同乡,便应该珍视乡情才对。我听说楚地流传着这样一句话:'得黄金百斤,不如得季布一诺。'你为什么不愿见到我,与我结为朋友呢?"季布听了曹邱生的这番话,对于他的误解顿时消除了,两人从此成为至交。

诚实守信、信守诺言是为人处世的一种美德,更是为人处世之本。

如果一个人言而无信，失去了别人对自己的信任，就如同失去了比千金还宝贵的东西。

诚实的人能忠实于事物的本来面目，不歪曲，不篡改事实，同时不隐瞒自己的真实想法，光明磊落，言语真切，处世实在。诚实的人反对投机取巧，趋炎附势，见风使舵，争功推过，弄虚作假，口是心非。诚实守信首先是一种社会公德，更是做人的基本要求。

孙武练兵，言出必行

杀鸡儆猴并不是为了惩罚猴子，只为震慑其心，让自己处于主动地位。

历代名将都特别注意严明军纪，因为作为部队的指挥官必须做到令行禁止、法令严明，否则令出不行，士兵犹如一盘散沙如何带兵打仗？有时候采取杀鸡儆猴的手段是必需的，也非常有必要的，这样才能达到震慑全军将士的效果。

齐国人孙武是我国古代伟大的军事家，被誉为兵学的鼻祖。他因内乱逃到吴国，把自己所著的兵法敬献给吴王阖闾。

阖闾说："您写的兵法13篇，我都细细读过了，您能当场演习一下阵法吗？"孙武回答说："可以。"于是吴王派出宫中美女180人，让孙武演练阵法。

孙武把她们分成两队，让吴王最宠爱的两个妃子担任队长，每位宫女手拿一把戟。孙武说："演习阵法时，我击鼓发令，你们听从我的指挥。"她们都齐声说："是。"

一切准备妥当后，孙武击鼓发令向右，宫女们却嬉笑不止，不遵奉命令。孙武说："规定不明确，口令不熟悉，这是主将的责任。"于是他重新申明号令，并击鼓发令向左，宫女们仍然嬉笑不止。

孙武说："规定不明确，口令不熟悉，这是主将的责任；现在既然已经明确，你们仍然不服从命令，那就是队长和士兵的过错了。"说

第五章 信之价值标准：人而无信，不知其可也

罢，命令斩杀两名队长。

当时吴王正站在观操台上，见孙武要斩杀他的两个爱妃，急忙派人向孙武传令："我已经知道将军善于用兵了。请您不要杀掉她们。"

孙武回答说："臣既然已经受命为将帅，就应该尽职尽责做好分内的事。"说完，仍旧命令斩杀两名队长示众，并重新任命两名宫女担任队长。孙武再次击鼓发令，宫女们按照鼓声听令，没有一个人敢发出嬉笑声。

为人做事要做到言行一致，并学会负责。无论做什么事，说和做一定要一致，因为信守诺言是一种品质，一种行为，更是一种美德。

春秋时期，齐景公任命田穰苴为将，带兵攻打晋燕联军，又派宠臣庄贾做监军。临行前，穰苴与庄贾约定，第二天中午在营门集合。第二天，穰苴早早到了营中。约定时间已过，可是庄贾迟迟不到。

穰苴几次派人催促，直到黄昏时分，庄贾才带着醉容到达营门。穰苴问他为何不按时到军营来，斥责他身为国家大臣，负有监军重任，却只恋自己的小家，不以国家大事为重。庄贾仗着自己是国王的宠臣亲信，对穰苴的话不以为然。

穰苴当着全军将士的面，叫来军法官："无故延误时间，按照军法应当如何处理？"军法官答道："该斩！"穰苴当即命令拿下庄贾，他的随从见势不妙，连忙飞马进宫，请求景公派人救命。在景公派的使者赶到之前，穰苴已经下令将庄贾斩首示众了。

景公派来的使臣飞马闯入军营，拿景公的命令叫穰苴放了庄贾。穰苴沉着地应道："将在外，君命有所不受。"他见使臣骄狂，便又问军法官："乱在军营跑马，按军法应当如何处理？"

军法官答道："该斩！"使臣吓得面如土色。

穰苴不慌不忙地说道："君王派来的使者，可以不杀。"于是下令杀了他的随从和马匹，并毁掉马车，让倒霉的使者回去报告情况。

古人云："言必信，行必果。"诚信的力量是巨大的，它足以震撼人们的心灵。一个人具备守信的品质，他就必然是个言行一致、说到做到的人。如果做不到这一点，人们就会认为这样的人是一个不可靠的人，是一个缺乏可信度的人。

商鞅立信，美名流传

商鞅，是卫国的贵族，原名公孙鞅。年轻时好刑名之学，在魏相公叔痤门下任中庶子。公叔痤慧眼识珠，临终前将其推荐给魏惠王，希望能够任他为相，但可惜惠王认为公叔痤病糊涂了，并没有当真，也没有重用。

后来，商鞅听说秦孝公下令求贤，招纳有才有识之士，发愤图强，于是离开魏国，以变法强国之术游说孝公，在秦孝公的支持下开始了变法。

公元前350年，商鞅积极准备第二次变法。商鞅将准备推行的新法与秦孝公商定后，并没有急于公布。他知道，如果得不到人民的信任，法律是难以施行的。为了取信于民，商鞅采用了这样的办法。

这一天，正是咸阳城赶大集的日子，城区内外人声嘈杂，车水马龙。时近中午，一队侍卫军士在鸣金开路声引导下，护卫着一辆马车向城南走来。马车上除了一根三丈多长的木杆外，什么也没装。有些好奇的人便凑过来想看个究竟，结果引来了更多的人，人们都弄不清是怎么回事，反而更想把它弄清楚。人越聚越多，跟在马车后面一直来到南城门外。

军士们将木杆抬到车下，竖立起来。一名带队的官吏高声对众人说："大良造有令，谁能将此木搬到北门，赏给黄金10两。"

众人议论纷纷。城外来的人问城里人，青年人问老年人，小孩问父母……谁也说不清是怎么回事。因为谁都没听说过这样的事。有个青年人挽了挽袖子想去试一试，被身旁一位长者一把拉住了，说："别去，天底下哪有这么便宜的事，搬一根木杆给10两黄金，咱可不去出这个风头。"有人跟着说："是啊，我看这事儿弄不好是要掉脑袋的。"

人们就这样看着、议论着，没有人肯上前去试一试。官吏又宣读了一遍商鞅的命令，仍然没有人站出来。

第五章　信之价值标准：人而无信，不知其可也

城门楼上，商鞅不动声色地注视着下面发生的这一切。过了一会儿，他转身对旁边的侍从吩咐了几句。侍从快步奔下楼去，跑到守在木杆旁的官吏面前，传达商鞅的命令。官吏听完后，提高了声音向众人喊道："大良造有令，谁能将此木搬至北门，赏黄金50两！"

众人哗然，更加认为这不会是真的。这时，一个中年汉子走出人群对官吏一拱手，说："既然大良造发令，我就来搬，50两黄金不敢奢望，赏几个小钱还是可能的。"

中年汉子扛起木杆直向北门走去，围观的人群又跟着他来到北门。中年汉子放下木杆后被官吏带到商鞅面前。商鞅笑着对中年汉子说："你是条好汉！"商鞅拿出50两黄金，在手上掂了掂，说："拿去！"

消息迅速从咸阳传向四面八方，国人纷纷传颂商鞅言出必行的美名。他的伟大功绩也因此而流传千古。

没有诚信就失去了人们相互信赖的基础。人言而无信，不知其可也。想象一下，如果我们置身于一个谎言肆意蔓延的世界将是多么恐怖。上下级之间没有诚信就没有凝聚力；同事之间谎话连篇，各自心怀鬼胎；朋友之间嘴上一套，背地里又是另一套；夫妻之间互相猜疑，同床异梦……没有诚信就失去了人们相互信赖的基础。

宋濂以信服人

宋濂，字景濂，号潜溪，别号玄真子、玄真道士、玄真遁叟。汉族，浦江（今浙江义乌）人，元末明初文学家，曾被明太祖朱元璋誉为"开国文臣之首"，学者称太史公。宋濂与高启、刘基并称为"明初诗文三大家"。

宋濂，自幼家境贫寒，但聪敏好学，曾受业于元末古文大家吴莱、柳贯、黄溍等。他小时候十分喜欢读书，但是家里很穷，也没钱买书，只好向人家借，每次借书，他都讲好期限，按时归还，从不违约，即使自己没有看完也还给人家，人们都乐意把书借给他，因为他很讲

信用。

　　一次，他借到一本书，越读越爱不释手，便决定把它抄下来。可是还书的期限快到了。他只好连夜抄书。时值隆冬腊月，滴水成冰，天气非常寒冷。

　　他母亲心疼地说："孩子，都半夜了，那么寒冷，天亮了再抄吧。人家又不是等着看这书。你跟人家说，晚一天还回去，说不定人家就答应了。"

　　宋濂说："不管人家等不等这本书看，到期限就要还，如果说话做事不讲信用，失信于人，怎么可能得到别人的尊重呢。做人一定要讲信用，即使自己看不完书，也要还回去。"说完，他继续抄书，终于按时将书还给了别人。

　　还有一次，宋濂要去拜访老师，并约好了见面的日期。谁知出发那天竟然下起了鹅毛大雪，行路非常艰难。当宋濂挑起行李准备上路时，母亲惊讶地说："这样的天气怎能出远门呢？再说，老师那里早已经大雪封山了。你这一件旧棉袄，也抵不住深山的严寒啊！"

　　宋濂说："娘，今日不出发就会误了拜师的日子，这就失约了；失约，就是对老师不尊重啊。风雪再大，我都得上路。我不能不讲信用。"

　　就这样，宋濂冒着严寒，走向老师家的路，当宋濂赶到老师家里时，老师感动地称赞他说："年轻人，守信好学，是一个优秀的人，一个人说讲信用容易，但做到信用二字就难了，你不仅说到，而且做到了，你将来必有大出息！"

　　果然，宋濂后来成了一代大儒，人们将他推为明代"开国文臣之首"。

　　诚信原则是说话中必备的原则。诚信，就是诚挚、信用。它要求说话人所表达的言辞是诚恳、真挚而有信用的。

　　庄子说过："至信辟金。"他认为，最大的诚信是不需要用金玉来作为信物的。孔子也主张"轻千乘之国，而重一言之信"，俗话中也有"一言既出，驷马难追"的说法。说话人如果能够以诚信对待接受者，就会联络感情，赢得信赖，加强沟通，直至化解矛盾。

　　而出口巧舌、哗众取宠、夸夸其谈、浮泛聒噪、口惠而实不至，

第五章　信之价值标准：人而无信，不知其可也

只会令人反感，失去信任，使你沟通交流的愿望落空。

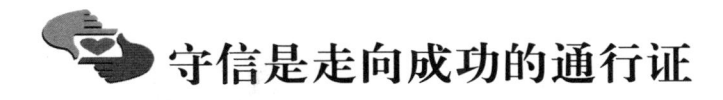

守信是走向成功的通行证

13岁时，胡雪岩还是个小放牛娃，有一天，他看到路边躺着一个包袱，打开一看吓坏了，原来全是金条银元宝！

真是天上掉下来馅饼了！要是一般人，大概心里早就乐开了花，然后美滋滋地拿回家。可是胡雪岩想，这么多的财宝，失主找不到，肯定要报案的，如果我拿走，岂不是连累家人，这样太危险了！如果找大人商量，说不定还会被杀人灭口。他立即决定把包袱扔进草丛里，边等失主边放牛。

等到太阳快落山时，失主终于找来了，问他有没有看到一包袱。机敏过人的放牛娃并没有说自己看到或没看到，而是先问他丢了什么，包袱是啥颜色，一听对方全答对了，于是才小手一指，告诉他包袱隐藏之处。

理所当然地，失主要给放牛娃些"报酬"，可他谢绝了！失主说："我是杂粮行的蒋老板，你不要放牛了，跟我到杂粮行去干活吧。"可是胡雪岩仍然拒绝，他说要回家跟父母商量一下再答复。蒋老板一想，这孩子真是不错，心里装着父母，于是，蒋老板写下地址，让他决定后去找他。

后来胡雪岩决定去蒋老板的杂粮行，在这里，他不仅做自己的活，还抢着帮别人干活。因为工作异常卖力，又聪明懂事，他被一个火腿行老板看中。老板跟他谈心，说付他双倍薪酬，让他跳槽。没有想到，胡雪岩却平静地说："我是来当学徒的，有什么事，请和老板商量。"看到他毫不为金钱所动，火腿行老板更喜欢他了，几次要带走他，出于生意上的合作，蒋老板最后忍痛割爱，将胡雪岩"转让"给火腿行。

从上述两件事，我们可以看出，胡雪岩对待人和物都以诚实为根本，他不仅诚实，而且讲信用，他感激蒋老板的知遇之恩，蒋老板对

他非常信任，可见，无论是做人还是做生意，信任是走向成功的第一通行证。

诚信不欺，诚实信义

在山西祁县乔家堡村的正中，巍然耸立着一座雄伟壮观的建筑群，这就是乔家大院。一进门，一条气势恢宏的甬道便把整个住宅划分成了许多独立的院落。

大院三面临街，布局严谨，院中有园，园内有院，斗拱飞檐，雕梁画栋。这座院落没有江南园林的温婉与娴雅，宅院的飞檐与威武的石狮无不透露出开阔不羁、自由驰骋的大气与豪迈。这种气势，像极了几百年前掌控着中国资金积累与财富滚动的巨商的风采，那种淡定与从容，那种沉着与大气，穿越时空，从祁县、太谷、平遥的座座深宅大院里穿透出来，在逐渐斑驳的影壁上映照出晋商往日的辉煌。

乔家大院中游人络绎不绝，而大院的高墙之外，无数家招牌上写着"乔家"二字的店铺鳞次栉比。游人穿梭其中，受前人荫庇的小店老板们不厌其烦地讲述着这座大宅和这里的历代主人的故事。

乔家的第三代主人乔致庸是不得不提的人物。乔家经营复字号的祖训是"信，义，利"，乔致庸将其解释为"一是守信，二是讲义，三才是取利"，所以他一生秉持"人弃我取，薄利广销，维护信誉，不弄虚伪"的经商理念，将乔家的事业推向了顶峰。关于乔家的诚信经营，最著名的故事莫过于"胡麻油事件"。

"复盛公"字号是乔家最早开设在包头的商号，之后增设了"复盛全""复盛西"等多处，左右着包头整个市场，因此有"先有复盛公，后有包头城"之说。当时，复盛西号经营粮油，凭借质量与分量的保证在包头城里站稳了脚步，包头城里的百姓大多都到这里购买粮油。

一次，复盛油坊往山西运送一批胡麻油，为了谋取利益，经手的伙计在油中掺假。掌柜的发现之后勃然大怒，而此时油已经被送到了

第五章 信之价值标准：人而无信，不知其可也

山西的分号。东家乔致庸常常告诫掌柜和伙计们，信誉连着财路，信誉没了，财路也就断了。

在这种情况下，掌柜的将伙计训斥一番，来不及请示乔致庸便差人火速赶往山西，命分号的伙计倒掉整批掺假的胡麻油，重新换了货真价实的胡麻油。这场风波令乔家商号蒙受了很大损失，但乔致庸不仅没有责怪擅作主张的复盛西号掌柜，反而重重奖赏了他。当众倒掉掺假油的举动为乔家字号赢得了诚信不欺的美名，也为乔家吸引了更多的商户。

讲究信誉，不仅是乔家的传统，更是晋商的传统。从古至今商人的经营活动都是为了赚取利润，但如果过分重利而忽视了道义，无疑是饮鸩止渴，不仅不能维持其经营活动，甚至会因丧失信誉而将百年字号毁于一旦。

在电视剧《乔家大院》中，当乔致庸带领商队从恰克图返回山西途经蒙古草原时，当地的牧民看中了他的布匹，但他们没有银两，所以他们自己提出用一匹马或者几头羊来交换乔致庸的一尺布。对于以利润为目标的商人来说，这无疑是"天上掉馅饼"的好事，但是乔致庸耐心地向牧民们作出解释，并坚持按照市价公平交易。正是靠着诚信经营，乔致庸成就了祁县乔家的百年辉煌，同样是依靠诚信经营，山西的商人们成就了"纵横天下五百年，跨越欧亚九万里"的晋商传奇。

在历史上，草原上的牧民只要看到刻印着"三玉川""长裕川"字样的砖茶，就会毫不犹豫地购买，因为这些烙刻着晋商印记的商品能够让他们放心，晋商的诚信名满天下，他们深知经商之道在于诚信，商家必须重视信用才能赢得顾客，而诸如缺斤短两一般的坑蒙拐骗伎俩不仅害人，而且害己，所以晋商们推崇以义制利。对于商人来说，利虽然是第一位的，但绝不是全部。

在经历了数百年风雨的平遥小城里，完整的古城和古朴的街道都令游人留连忘返，但是令人难忘的是斑驳的砖瓦、廊柱之间浓郁的商业气息。那些老式的店铺一家叠着一家，一户挨着一户，游人透过它们看不到原汁原味的明清时期的繁华景象，但只要与商家细细攀谈之后就会发现，他们恪守诚信、童叟无欺的古风正悄然延续着从未熄灭

的晋商薪火。

在中国明清两代，在晋商纵横天下的500年中，"诚信"是晋商的精髓和灵魂，也是其发展和兴盛的根脉。随着传统晋商的逐渐沉寂，晋商文化与精神似乎逐渐成了丰碑式的大院供人瞻仰。

直至今日，诚实信义、敢闯天下的晋商特质仍然渗透在山西人的血液中，打造了"海鑫现象"的新晋商代表李海仓，以稚嫩双肩挑起家族重担的李兆会，危难时刻接管海南航空的陈峰，等等，他们都以自己的作为诠释着新晋商的风采。

第六章

忠之价值标准：赤胆忠心，精忠报国

"忠"这个字的构词很有意思，它由"心、中"构成，意思是始终把它放在心里，不要忘掉。

爱人有了忠诚，爱情才会甜蜜；朋友有了忠诚，友情才会长久；员工有了忠诚，事业才能成功；国家有了忠诚，社会才会安定。这种感情应该是发自内心的、永恒的，经得起时间和困难考验的。

忠诚之基本含义是指对国家、对人民、对事业、对上级、对朋友、对爱人等真心诚意、尽心尽力，没有二心，素来都是和老实、勇敢、可靠等词相连。忠诚代表着诚信、守信和服从。

然而忠诚不等于屈从，更不等于愚忠。这是一种出于共同的信仰、共同的理想和共同的行为方式而生发的情感，如忠于祖国、忠于人民……同样，员工忠于公司、忠于老板也不是因为别的，而是出于你对公司宗旨的热爱、对公司价值的认同以及对自己事业的执着追求。"受人之托，忠人之事"，这是中华民族永不改变的传统美德！

大禹治水，三过家门而不入

尧在位的时候，黄河流域发生了很大的水灾，庄稼被淹了，房子被毁了，老百姓只好往高处搬。尧召开部落联盟会议，商量治水的问题。他征求四方部落首领的意见：派谁去治理洪水呢？首领们都推荐鲧。

尧对鲧不大信任。首领们说："现在没有比鲧更强的人才了，你试一下吧！"尧才勉强同意。鲧花了9年时间治水，没有把洪水制服。因为他只懂得水来土掩，造堤筑坝，结果洪水冲塌了堤坝，水灾反而闹得更凶了。

舜接替尧当部落联盟首领以后，亲自到治水的地方去考察。他发现鲧办事不力，就把鲧杀了，又让鲧的儿子禹去治水。

禹新婚不久，为了治水，到处奔波。他吸取了父亲的经验教训，采取了疏导的办法，带领百姓开渠排水，疏通江河，兴修水利，灌溉农田。

传说禹在治水的13年当中，3次经过自己的家门，都没有进去。第一次，妻子生了病，没进家去看望。第二次，妻子怀孕了，没进家去看望。第三次，他妻子涂山氏生下了儿子启，婴儿正在哇哇地哭，禹在门外经过，听见哭声，也没进去探望。

他一直想着老百姓仍在遭受洪水的祸害，庄稼被淹，房子被毁，于是，3次经过家门都顾不上进去探望家人。他和老百姓一起劳动，戴着箬帽，带头挖土、挑土，累得磨光了小腿上的毛。经过13年的努力，大禹终于治好了水患，把洪水引到大海里去，地面上又可以供人种庄稼了。

舜年老以后，也像尧一样，物色部落联盟首领。大禹因为治水有功，就被舜选定为自己的继承人。舜死后，大禹继任了部落联盟的首领,在他的治理下,部落和平,九州安定。

大禹率领民众,与洪水作斗争,最终获得了胜利。他"三过家门而不入"的事迹更是其忧民、为了大家不顾小家的最好体现。

具有一颗崇高的责任心,一个人就拥有了生命的脊梁。因为,人们从来不会指望一个游手好闲、没有责任感的人能够成功。只有在真正懂得了责任的意义和内涵,并付诸行动时,才预示着开始走向新的历程。

诸葛亮鞠躬尽瘁,死而后已

诸葛亮,在中国人的心目中,是聪明与智慧的化身。他上通天文,下知地理,三教九流无所不知,四书五经无所不晓。

47岁时,诸葛亮向后主刘禅呈上《出师表》,表明自己为国"鞠躬尽瘁,死而后已"的忠心。

为了统一中原,诸葛亮曾经多次兵出祁山,前几次出兵,都是因为粮食不继而退兵,第五次他接受了以往教训,非常重视粮食供应。他设计了一种叫作木牛(改进的独轮车)的运输工具,用它把粮食运到斜谷口囤积备用。

公元234年,诸葛亮用木牛流马运粮,做好充分准备后,约孙权同时对魏国发起进攻,两面夹击魏国。他率领10万大军出斜谷口,在渭水南岸的五丈原构筑营垒,准备长期作战;分一部分兵士在五丈原屯田,跟当地老百姓一起耕种,以为久计。司马懿率领魏军也渡过渭水,筑起营垒准备和蜀军长期对峙。魏明帝命令司马懿只许坚守,不准出战。

与此同时,孙权应约派出三路大军进攻魏国,配合蜀国的行动。魏明帝亲自率领大军南下,大败吴军。诸葛亮只好孤军作战。蜀军很想跟魏军速战速决,但司马懿固守营垒,坚守不出,决心要打持久战。

双方相持了 100 多天。

有一次，司马懿虚情假意地接待前来下挑战书的使者，问道："你们丞相很忙吧，身体还好吗？"使者回答说："丞相很忙，军营里大小事都亲自过问。他每天早起晚睡。近来胃口也不太好，饭量很小。"使者走后，司马懿对将士们说："诸葛孔明食少事多，怎能支撑长久呢？"不出司马懿所料，诸葛亮就在这年八月病故，年仅 54 岁。

诸葛亮用生命实践了自己对蜀汉的忠诚。为理想、事业而义无反顾的牺牲精神和知其不可为而为之的献身精神，在诸葛亮身上得到了最完美的体现。诸葛亮忠心耿耿、克己奉公的高尚品格和鞠躬尽瘁、死而后已的奋斗精神，为后人作出了最好的表率。

按照诸葛亮生前嘱咐，蜀军密不发丧，各路人马按序撤退。

司马懿探得蜀军因诸葛亮病死而退兵的消息，立即率军追赶。刚过五丈原，忽然蜀军旗帜转向，战鼓雷鸣，蜀军将士们转身掩杀过来。司马懿大吃一惊，赶快掉转马头，下令撤退。待魏军退远了，蜀军才缓缓撤出五丈原。

诸葛亮不辞辛劳，勤勤恳恳，小心谨慎，竭尽全力，贡献出全部精神和力量，一直到逝世为止。虽然诸葛亮没能实现统一中原的愿望，但是，他在政治、军事等方面的才智和鞠躬尽瘁、忠于职守的品格，永远师仪后世。

李泌大隐隐于朝

古人云："进将有为，退将自修。君子出处，唯此二事。"这是古人的进退观，正是"穷则独善其身，达则兼济天下"。最高明的智者会在出世和入世间进退自如，不受名利的束缚，既能全身，又能成就大业。

曾有一首《咏方圆动静》的诗这样写道："方如行义，圆如用智。

第六章 忠之价值标准：赤胆忠心，精忠报国

动如逞才，静如遂意。"

这首并不太像诗的"小诗"，是唐代一位奇人所作，他当时只是一名年仅7岁的小小孩童。此人就是有"白衣丞相"之称的李泌。

李泌小时候就有"神童"之称，深得唐玄宗的喜爱。后来他与当时还是太子的肃宗相识。到安史之乱时，肃宗面对强大的叛军，很想找些心腹来帮忙，于是他请来了隐居的李泌。

说起来唐王朝没有在安史之乱的战火中灰飞烟灭，一方面多亏了郭子仪、李光弼等大将的浴血奋战、殊死报唐；另一方面多亏了李泌那条"山人妙计"。

唐肃宗收复京师之后，李泌去见肃宗。唐肃宗留李泌宴饮，同榻而眠。当时，李泌常受小人猜忌和陷害，为了明哲保身，他决定退隐山林。在隐退之前，他决心尽自己的最后一次努力，保护自己曾经爱护的皇太子广平王李豫。

当天晚上，李泌对肃宗说："臣已略报圣恩，请准我做闲人。"

肃宗惊异，说："我同先生忧患多年，应该与先生同乐，您为何要离去呢？"

李泌答道："臣有五不可留，愿陛下让我离去，免于一死。"

唐肃宗问："这五不可留指什么呢？"

李泌答道："我遇陛下太早，陛下任我太重，宠信我太深，我的功劳太高，事迹太奇，有此五虑。陛下若不让我走，就是杀了臣。"

肃宗不解地说："先生为什么怀疑我？朕不是疯子，为什么要杀先生呢？"

李泌道："正是陛下不杀我，我才敢请求归山，否则我怎么敢说？并且我说被杀，不是指陛下，而是指那五点原因。我想，陛下对臣这么信任，有些话尚且不敢说，等天下安定了，我哪敢再说什么！"

肃宗说："我知道了，先生要北伐，我不听从您的建议，先生您生气了。"

李泌回答："不是，我说的是建宁王一事。"原来，不久前，肃宗听信奸臣诬告，建宁王李倓被赐死。

肃宗说："建宁王听信小人的话，谋害长史，想夺储位，我不得不赐他死，难道先生还不知道吗？"

李泌又说:"建宁王倘若有此心,广平王必定会怨恨他,可是广平王每次与我谈话,都说弟弟冤枉,泪如雨下。况且,以前陛下想用建宁王为天下兵马大元帅,我请改任广平王。建宁王要是想夺太子的地位,一定会恨臣,为什么他认为我是忠心,对我更加亲善呢?"

听到这里,肃宗也不禁流泪道:"我知道错了,先生说得很对,但是这件事情既然已经过去了,我也不想再听这件事。"

李泌说:"我不是要追究以前的责任,是为了让陛下警惕将来。当年则天皇后有四个儿子,她错杀了太子弘,立次子李贤为太子。次子内心忧惧,作《黄台瓜》一词,想感动则天皇后,但则天皇后不予理睬。李贤被废之后,死在贬所黔中。《黄台瓜》一词是这样说的:'种瓜黄台下,瓜熟子离离。一摘使瓜好,再摘令瓜稀,三摘尚自可,四摘抱蔓归。'陛下已经摘了一个大瓜了,千万不要再摘了。"

肃宗惊奇地说:"怎么会有这种事?我当把这首诗写在绅带上,时时警惕。"

李泌说:"只要陛下记在心中就行了。"之后,李泌就归隐泉林了。

直到唐代宗继位,他又被请出山,出任朝廷要职。后来遭排挤,便安然退隐。待到唐德宗朝,李泌再次出山。

李泌一生,身经四朝,于安史之乱等危难之时,他鼎力相助,以大智慧定策平贼,居功甚伟。四朝皇帝都对他恩宠有加,奉为师友,亲密至极,是名副其实的"帝王之师"。李泌如果想要一般人梦里也想的高官厚禄,那简直是唾手可得。他却身在朝堂,心在山川,天下稍有安定,就退步抽身,远走隐退。正所谓"大隐隐于朝",李泌实在是深得道家精髓的绝世高人。

颜真卿宁死不投降

颜真卿字清臣,出身名门,是著名学者颜师古的五世孙。颜真卿为人耿直,性情义烈,是唐朝的四朝元老。

第六章 忠之价值标准：赤胆忠心，精忠报国

公元782年，唐朝的5个藩镇叛乱。其中淮西节度使李希烈兵势最强，自称"天下都元帅"。德宗皇帝派威望极高的颜真卿去做说客。

李希烈听到颜真卿来劝降，想给他一个下马威，在见面的时候，他故意让部将和养子1000多人都聚集在厅堂内外。颜真卿刚到厅堂门口，那些部将和养子就冲了上来，个个手持武器，围住颜真卿又是谩骂，又是威胁，摆出一副要杀他的架势。

颜真卿面不改色地朝着他们冷笑。这时李希烈才假惺惺地站起来护住颜真卿，命令他们退下，接着又把颜真卿送到驿馆里，企图慢慢软化他。

这时，其他几个藩镇的叛将各自派遣使者到李希烈这里来上表称臣，劝他做皇帝。李希烈召颜真卿来，故意把上表给他看，得意地说："今日四王派使者来，把推心置腹的话对本元帅讲了。他们的话同我心里的想法一样。太师您看这种情势，难道我被朝廷猜忌，就没有地方可去了吗？"

颜真卿义正词严地说："这4个人只能说是四凶，怎么叫四王呢？将军自己不保住功业，做唐朝的忠臣，却要与乱臣贼子在一道，想与他们一起灭亡吗？"李希烈听了心中十分不快。

过了一天，李希烈又让颜真卿与叛镇派来的4个使者一同赴宴。4个使者见到颜真卿来了，都向李希烈祝贺说："早就听说颜太师德高望重，现在元帅将要即位称帝，这不是有了现成的宰相吗？"

颜真卿扬起眉毛，朝着4个使者骂道："什么宰相不宰相！要杀要剐都不怕，难道会受你们的诱惑，怕你们的威胁吗？"4名使者被颜真卿凛然的神色吓住了，缩着脖子说不出话来，李希烈拿他没办法，只好把颜真卿关起来。

公元784年，李希烈自称楚帝，又派部将逼颜真卿投降。兵士们在关禁颜真卿的院子里堆起柴火，并浇上油，威胁颜真卿说："再不投降，就一把火把你烧死！"颜真卿二话没说，就纵身往柴火跳去，叛将们连忙把他拦住。李希烈的打算落空了。

李希烈想尽办法，也没能让颜真卿屈服，最后只好派人逼迫颜真卿自杀了。

责任感源于忠诚。没有忠诚，责任感就无从说起，没有责任感，

你就会在诱惑面前把握不住自己。这样，你的事业结构就会土崩瓦解，最终只能在一片废墟中独自哀叹，所以说，背叛"忠诚"的最大受害者将是背叛者自己。颜真卿宁死不投降，就是在用行动验证"忠诚"二字。

文天祥浩然正气

文天祥，汉族，吉州庐陵（今江西吉安县）人，南宋民族英雄，初名云孙，字天祥。选中贡士后，换以天祥为名，改字履善。宝祐四年（1256年）中状元后再改字宋瑞，后因住过文山，而号文山，又有号浮休道人。

文天祥从小爱读历史上忠臣烈士的传记，20岁那年他到临安参加进士考试，在试卷里写了救国主张，受到主考官的赏识，中了状元，后来做了江西赣州的州官。

1275年，元军进逼临安，宋恭帝下诏要各地将领带兵援救。文天祥接到朝廷诏书，立刻捐献出全部家产，招募人马准备赶到临安去。有人劝他说："现在元兵长驱直入，您带了这些临时招募起来的人马去抵抗，好比赶着羊群去跟猛虎斗，明摆着要失败，何苦呢？"

文天祥泰然回答说："这个道理我何尝不知道。临安危急，却没有一兵一卒为国难出力，岂不叫人痛心！我明知自己力量有限，宁愿以死殉国。"

这时候，元朝统帅伯颜已经渡过长江，兵分两路进攻临安。文天祥向朝廷建议，集中兵力跟元军决一死战。但是皇帝与很多大臣都惧怕元军，一味求和，文天祥势单力孤。1276年，伯颜带兵占领临安，谢太后和恭帝出宫投降，元军把他们连同文天祥等人押往大都（今北京市）。文天祥中途逃了出来，历尽千难万险，到了福州，与张世杰会合。

1278年，元军攻下潮州，文天祥又被俘虏。元朝丞相博罗派投降

第六章 忠之价值标准：赤胆忠心，精忠报国

官员去劝降。文天祥对其一顿痛骂，骂得他们抬不起头，灰溜溜地走了。元朝对文天祥劝降不成，就把他移送到兵马司衙门，他被戴上脚镣手铐，过着囚徒的生活。

文天祥被关在牢房里，恶劣的环境只能折磨他的身体，却不能摧毁他的意志。

后来，元军押着文天祥，希望利用他诱降南宋残军。当船队经过珠江口零丁洋时，面对波涛翻滚的零丁洋，文天祥感慨万千：自己死不足惜，大宋江山风雨飘摇，岌岌可危，今后谁来护卫幼主，光复江山呢？感慨惆怅之余，他吟出："辛苦遭逢起一经，干戈寥落四周星。山河破碎风飘絮，身世浮沉雨打萍。惶恐滩头说惶恐，零丁洋里叹零丁。人生自古谁无死，留取丹心照汗青。"这就是流传千古的名作《过零丁洋》。

南宋灭亡后，元将张弘范在庆功宴上向文天祥敬酒说："宋朝已亡，您的忠孝也尽到了。如果您能为元朝做事，元朝宰相岂不非您莫属吗？"

文天祥说："国亡而不能救，做大臣的死有余辜，难道还能贪生怕死吗？"

南宋灭亡后，文天祥被押赴大都。4年中历尽苦难，不论是威胁，还是利诱，文天祥始终不动摇。他写了许多诗，表达自己对于国家和民族的一片忠心。其中最有名的一首叫作《正气歌》，表达了坚持民族气节、绝不向敌人投降的浩然正气。1282年，文天祥在大都慷慨就义，时年47岁。

君子身处世间，心中都应该有一个行事的准则，天下事有的应该做，有的则不应该做，一旦遇到违背自己的良心与正义的事情，就算可以给自己带来巨大的财富和利益，仍然要坚决拒绝。因此，为人需当行则行，当止则止，有所为，有所不为，不可任意妄为，这样才能"仰不愧天，俯不愧人，内不愧心"，堂堂正正，光明磊落、了无遗憾地走出一个美妙的人生。

左光斗入狱仍心忧天下

　　左光斗，字遗直，一字共之，号浮丘，别命左遗直、左共之、左浮丘。明桐城人，其父左出颖迁家于桐城县城，颖生九子，光斗排行第五。明朝官员，也是史可法的老师。左光斗学识渊博、为官正直。

　　有一次，身为科举考试监考官的左光斗在寺庙内看见一位伏案熟睡的书生。他被书生案头文采激扬的文稿打动，毫不犹豫地把自己的貂皮披风解下，披在了书生身上。临走时，他问过和尚，才知道那书生叫史可法，是来京城应考的。

　　考试那天，左光斗在考场上见到了史可法，拿过他的试卷一看，见文风犀利，文笔生动，当场把史可法评为第一名。

　　考试结束，左光斗把史可法带回自己的府邸，勉励了一番后，当着史可法的面对夫人说："自家的几个孩子都没才能，将来我的事业就靠这小伙子继承了。"

　　史可法听后深受感动。自此，左光斗和史可法建立了亲密的师生关系。

　　左光斗一心一意想整顿朝政，却为奸人所害，于公元1625年进了监牢。在狱中，他始终坚持个人原则，遭到了残酷拷打。

　　左光斗被捕以后，史可法急得坐立不安，想找机会进去探望老师，但因看管严密，不能如愿。后来，他拿了银子贿赂狱卒，这才得到了一次探监的机会。

　　当天晚上，史可法换上一件破烂的短衣，扮作拾粪人的样子，由狱卒领进了监牢。

　　史可法走进左光斗的牢房，只见左光斗遍体鳞伤，左腿腐烂得露出骨头。史可法一阵心酸，双膝跪地，抱住左光斗伤心地哭了起来。

　　左光斗受伤的双眼已经睁不开了，但他知道是史可法来了，眼角涌出两串泪珠。忽然，左光斗大骂史可法："你还来干什么！万一被他们发现,你不也会受到牵连吗?你我都完了,谁来振兴朝廷,拯救天下苍生呢?"

史可法心痛难舍:"老师对我恩重如山,我愿陪老师一块儿去!"

左光斗更急了,他用手尽力拨开眼皮,两眼像要喷出火来:"有我一个去死就够了,为什么还要再搭上一条命?你赶紧走!再不走,我就干脆收拾了你,省得奸人动手!"说着,他摸起身边的镣铐,作出要砸的样子。

史可法理解老师的想法,只好忍住悲痛离开了监狱,去继续他未竟的事业。时隔不久,左光斗终于被奸人杀害。魏忠贤死后,才追赠左光斗右都御史,录用他的一个儿子。不久,又追赠太子少保。南明福王时,追加谥号忠毅。

左光斗对国家的赤胆忠心值得人们赞叹,他的刚强的性格更显示他是铁铮铮的汉子。

岳飞精忠报国

当"精忠报国"不再是一种传说,它站在历史的上游,向我们诉说着"祖国"的含义。当《满江红》的豪情,被"十二道金牌"班师回朝的军令扑灭,一曲英雄的悲歌奏响。"还我河山"的匾额还在,岳家军的气概不减,他依旧是受万千人尊敬的民族英雄。

岳飞,字鹏举,汉族。北宋相州汤阴县永和乡孝悌里(今河南省安阳市汤阴县菜园镇程岗村)人。中国历史上著名战略家、军事家、民族英雄、抗金名将。

岳飞在军事方面的才能则被誉为宋、辽、金、西夏时期最为杰出的军事统帅,同时是两宋以来最年轻的建节封侯者。南宋"中兴四将"(岳飞、韩世忠、张俊、刘光世)之首。

少年时候的岳飞,有着一颗强烈的爱国心,长大后,当金人铁蹄践踏大宋江山,他用自己的壮举谱写了保家卫国的壮丽诗篇。

北宋末年，金人频频进犯宋朝边境，对宋朝发动了大规模的掠夺战争，深受压迫的人们纷纷自发组织起来反抗。少年时候的岳飞亲眼目睹了北宋灭亡前后的惨痛现实，因此立志要抗击金朝的民族压迫，收复国土，统一祖国。

岳飞虽然从小家境贫寒，但他受母亲的言传身教，勤奋好学，年少时就练就了枪术"一县无敌"的本领。在岳飞十五六岁时，北方的金人南侵，宋朝当权者腐败无能，节节败退，国家处在生死存亡的关头。

这一天，岳飞的母亲把他叫到跟前，说："现在国难当头，儿子，你有什么打算？"

"到前线杀敌，精忠报国！"岳飞回答。

母亲听了儿子的回答，十分满意，"精忠报国"正是母亲对儿子的希望。她决定把这4个字刺在儿子的背上，让他永远记住这一誓言。岳飞解开上衣，请母亲下针。

母亲问："你怕痛吗？"岳飞说："小小钢针算不了什么，如果连针都怕，怎么去前线打仗！"

于是，母亲先在岳飞背上写了字，然后用绣花针刺了下来。刺完之后，岳母又涂上墨。从此，"精忠报国"4个字就永不退色地留在了岳飞的后背上。

岳飞参军后，一直坚持战斗在抗金的最前线，为挽救民族的危亡而英勇杀敌，屡屡阵前斩敌军大将。他率领的岳家军不畏强敌，独当一面，先后6次与金兵交锋，均获全胜，岳家军声威大震。

正当岳飞准备收复被金人占领的失地时，主和派秦桧向宋高宗献计，连发12道金牌召回岳飞。岳飞退兵前，长叹："十年之功，毁于一旦！所得州郡，一朝全休！社稷江山，难以中兴！乾坤世界，无由再复！"后来，岳飞父子因莫须有的罪名，在杭州被赐死。

岳飞作为中国历史上的一员名将，其精忠报国的精神深受中国各族人民的敬佩。其在出师北伐、壮志未酬的悲愤心情下写的千古绝唱《满江红》，至今仍是令人士气振奋的佳作。其率领的军队被称为"岳家军"，人们流传着"撼山易，撼岳家军难"的名句，表示对"岳家军"的最高赞誉。

第六章　忠之价值标准：赤胆忠心，精忠报国

岳飞戎马一生，最终却带着光复疆土的宏愿和无力回天的遗憾含冤而去。但他那坚决反抗民族压迫的爱国主义精神和坚贞不屈的民族气节，为中华民族树立了优秀的典范，为后人留下了宝贵的精神财富。

苏武傲骨铸就忠心

苏武，中国西汉大臣，字子卿，汉族，杜陵人。

汉武帝天汉元年，匈奴向汉朝求和，于是，汉武帝派中郎将苏武出使匈奴。苏武接受任务以后，带着使团及丰厚的礼物出发到匈奴。

不料，反复无常的匈奴单于不但不感谢，反而受坏人挑唆，把苏武等人扣押起来，要苏武投降。金钱、高官厚禄、冻饿折磨，这些都没能使苏武屈服，他坚决不投降。

没办法，单于只好下令将苏武送到北海边上（现在的西伯利亚贝加尔湖一带）去牧羊。并且对苏武说："等公羊何时生了小羊，就送你回汉朝去！"公羊怎么能生小羊呢？用意十分明白，单于是坚决不放苏武回汉朝了。

北海一带，荒无人烟，终年白雪覆盖。苏武只能以野鼠洞里的草籽充饥。每天，苏武一边牧羊，一边抚弄着出使时汉武帝亲手交给他的旌节，心中深深地怀念着自己的祖国。夜晚睡觉时，他将旌节紧紧抱在胸前。就这样，日复一日，艰苦地度过了漫长的岁月。

后来，汉武帝死后，汉昭帝即位，匈奴又与汉朝议和，但单于仍不让苏武回汉朝，还谎称苏武已经死了。与苏武一起出使匈奴的常惠，千方百计把苏武的情况告诉了汉朝使者，还为使者想出了一个要回苏武的妙计。

第二天，汉朝使者去见单于，按照常惠的计策对单于说："你们匈奴既然要诚心跟汉朝结好，就不该再欺骗我们。苏武明明没有死。有一天，我们皇上在上林苑里射猎，射下一只大雁，大雁的脚上系着一条绸子，那是苏武写给皇上的一封信。信里说他在寒冷的北海地方牧

羊,你们怎么说他死了呢?大雁能带信,这是天意,你们怎么可以欺骗天呢?"

单于听了,不觉大吃一惊,只好承认自己说了谎话,而后又说:"苏武的忠心都感动了飞鸟,难道我们还不如大雁吗?"说完,他立即向汉朝使者道歉,并答应赶快派人把苏武从北海地方找回来。

苏武回到了阔别20年的京城长安,汉昭帝接见了他们,还叫他到先帝庙里去拜见汉武帝的灵位,并把那根光秃秃的旄节交还到汉武帝灵前。

历史学家吴晗曾写过一篇《谈骨气》的文章,其中提出做人不可有傲气,但不可无骨气。所谓骨气就是做人要坚持原则,在大是大非的问题上明是非、知荣辱,不拿原则做交易。一边是高官厚禄,一边是赤胆忠心,苏武用不屈的铮铮傲骨作出了最完美的诠释。

张骞出使西域

张骞,汉族,字子文,汉中郡城固人,中国汉代卓越的探险家、旅行家与外交家,对丝绸之路的开拓有重大的贡献。开拓汉朝通往西域的南北道路,并从西域诸国引进了汗血马、葡萄、苜蓿、石榴、胡桃、胡麻等。

公元前138年,张骞带着汉武帝的万丈雄心第一次踏上了大汉以外的疆域。那时匈奴依旧称雄漠北,西域各国关系错综复杂。

当时,大月氏人受匈奴欺负,向遥远的西方迁徙。汉武帝认为这是一个好机会。第一,救人于危难,可为我所用。第二,当时汉朝的战略是远交近攻。所以毫不犹豫决定跟大月氏人结盟。要派人去,就需要人送信。张骞被赋予一个特殊的使命,去联络被匈奴人从河西赶走而定居在阿姆河一带的大月氏人。大月氏人曾在与匈奴的激战中败北,国王的头颅成了匈奴单于手中的酒器,可以说与匈奴的仇恨深重。

第六章　忠之价值标准：赤胆忠心，精忠报国

这位勇敢的探险家出发时身边有 100 位随从和一位忠心耿耿的蛮族奴隶堂邑父，他们无所畏惧地踏上匈奴的土地，希望能顺利穿过这个游牧王国的防线，然而，他们低估了这个马背上的民族的防线密度。身陷囹圄的张骞，逃过了头颅被制成饮器的厄运，被迫在匈奴的监禁中娶妻生子。风刀霜剑严相逼，时光流转十数年，张骞始终保持着汉朝的特使符节，寻找着逃脱的机会。

终于有一天，张骞成功逃离匈奴的控制，开始继续他已中断了十几年的政治旅程。越过葱岭，到大宛，通过康居，至大夏，这位两千年前的探险家徒步穿过了如今的乌兹别克斯坦与哈萨克斯坦等国。沿途这些中亚国家的君主听到了张骞的描述，无不被东方的地大物博所吸引，更为东方的丝绸、瓷器等手工艺品所倾倒，惧怕匈奴铁骑的小国不敢与汉结盟共退匈奴，却对与汉通商充满了兴趣。

在大夏的旧土上，躲避战火的大月氏终于被张骞找到了。汉朝盼望跟大月氏王国结盟，对匈奴东西夹攻。以当时来讲，大月氏王国对匈奴有杀父灭国的深仇大恨，一旦听到有报仇复国的机会，一定非常感激。

然而，时过境迁，10 多年来，大月氏这个马背上的"行国"已发生了巨大变化：先是在伊犁河畔受到乌孙的攻击，又一次向西远徙；到了阿姆河畔后，用武力臣服了大夏的大月氏，在这片肥沃的土地上开始了游牧生活到农耕生活的过渡。生活安定，无心复仇，无意东还。张骞在大月氏逗留了一年多，无果而返。

回国途中，张骞又被匈奴拘禁了一年多，不过，张骞有着一种军人特有的敏锐，在进入匈奴人的控制范围之后，他就开始留心每一处水源、每一块草地，并详细记录下来，为日后追随大将卫青征战匈奴立下了汗马功劳。"知水草处，军得以不乏"，张骞后被武帝封为"博望侯"，此为后话。

公元前 126 年，趁着匈奴内乱，张骞在妻子与堂邑父的帮助下乘机脱身回到长安。张骞出使时 100 余人，12 年后，回到长安，只剩下两个人——张骞和他的仆人堂邑父。

张骞第一次出使没有完成他的政治使命，但沿途洞悉了西域的政治经济和人文地理。他将沿途见闻采集汇总，呈报武帝，为汉朝打开

了另一番迥异的格局。除了他经过的国家，张骞还指出西方的另一个强大的帝国——安息，即安息王朝统治下的波斯，在其后的数世纪中，它将作为丝绸之路上最大的中转站和经纪人的身份登上舞台。

随后，汉武帝又派张骞第二次出使西域，使团人数达 300 人，张骞及其随行者的足迹也更为广远，悉数拜访了大宛（费尔干那）、康居（以今塔什干为中心的游牧王国）、大月氏、安息（古代波斯帕提亚王国）、身毒（印度）等国。

张骞的两次西行，打破了游牧民族对丝路贸易的垄断，使中国和中亚、南亚、西亚诸国之间建立了直接的贸易往来关系。作为中国走向世界的第一人，张骞记录下对外部世界的首次真知实见，结束了我国古代对西方神话般的传闻认识，也成为后来《史记·大宛传》和《汉书·西域传》的最初来源，世人把张骞通西域一事形象地称之为"凿空"。

忠诚是责任最高形式的表现。一个人的忠诚不仅不会让他失去机会，还会让他赢得机会。除此之外，他能赢得别人对他的尊重和敬佩。人们似乎应该意识到，取得成功最重要的因素不是一个人的能力，而是他优良的道德品质。

刘仁瞻为国尽忠

显德二年（公元 955 年），周世宗亲征南唐，目标是夺取南唐在淮南的领土，将其势力赶到长江以南。寿州一战，南唐的援军都被打掉了，寿州成为孤城，战士们都已经快支撑不住了，有很多人劝刘仁瞻放弃，但刘仁瞻坚守不让。

刘仁瞻见到周世宗伞盖，挽起强弓射去，射到周世宗面前仅数步，左右随从连忙请周世宗退避。有人对刘仁瞻说："你好大的胆子，竟敢这样大逆不道。"周世宗毫不畏惧，竟然移步到刚才刘仁瞻射中处大喊道："刘将军，你是一个人才，我很欣赏你，刚才您没射中，现在我站近一点儿，请再射！这次你肯定能射到。"

刘仁瞻再一箭射去，竟然又只差数步！周世宗大笑道："刘将军请继续射，箭射完了朕再给您送！"刘仁瞻大惊道："难道他果然是真命天子？看来此城必破，我只有以死报国了！"说罢掷弓于地，仰天长啸。

虽然刘仁瞻已经明白天下大势已不属南唐，但仍然忠于职守，周军始终无法攻克寿州。

唐军虽然不能解寿州之围，但也一直在努力增援。唐中主之子齐王李景达集结禁军主力，准备收复扬州。先前攻克并驻守扬州的周将韩令坤兵力不多，奏请弃守扬州。

周世宗爱惜刘仁瞻的忠义，请孙晟到寿州城下劝降，孙晟一口答应，来到寿州城下，周世宗大喜。

但孙晟一见到刘仁瞻就大喊道："刘将军！您是大唐的忠臣，降敌会遗臭万年，不是您做得出来的事情。现在固守在此城，已断无活路，不要再妄想活着回金陵见皇上了，尽忠死节吧！"

刘仁瞻在城上听后痛哭流涕，身披甲胄向孙晟三叩而谢，再面向金陵方向叩首，誓要为唐天子尽忠死节！

在诱惑面前刘仁瞻毅然选择了为国尽忠，充分体现了他顾全大局、无私无畏的高尚品质。生与死都为自己的国家尽忠，哪怕只剩下一口气，也要骄傲地活、有骨气地死。

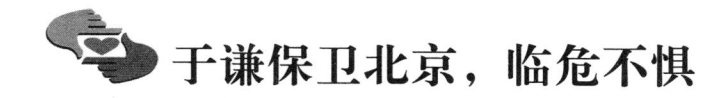

于谦保卫北京，临危不惧

于谦，字廷益，号节庵，浙江钱塘（今杭州）人，官至少保，世称于少保，汉族，明代名臣。

于谦是明朝著名的民族英雄，他自小有远大的志向。小时候，他的祖父收藏了一幅文天祥的画像。于谦十分钦佩文天祥，把那幅画像挂在书桌边，并且题上词，表示一定要向文天祥学习。长大以后，他考中进士，做了几任地方官，严格执法，廉洁奉公；后来担任河南巡抚，奖励生产，救济灾荒，比较注意人民疾苦。

有一年，明朝50万大军在土木堡全线崩溃，京城里人心惶惶。

为了安定人心，皇太后宣布由郕王朱祁钰监国，并召集大臣商量退敌对策。有的大臣主张先逃到南方去，避过此劫后再作打算。

兵部侍郎于谦坚决要求给予有力回击："京城是天下根本，人心所系，难道大家忘记了宋朝南渡的事例了吗？"

于谦的主张得到了多数大臣的支持。皇太后和郕王委派于谦指挥军民守城。

天下不可一日无主，皇太后让郕王朱祁钰做了皇帝，又封于谦做了兵部尚书。

于谦欣然受命，当即立下军令状："不见成效，甘受处罚！"接着，他开始部署内固京师，外筹边镇。

这一年，瓦剌军兵临北京城下，在西直门外扎下营寨。

于谦在城外把各路人马布置好后，他亲自率领一支人马驻守在德胜门外，叫城里的守将把城门全部关闭起来，表示有进无退的决心。并且下了一道军令：将领上阵，丢了队伍带头后退的，就斩将领；兵士不听将领指挥，临阵脱逃的，由后队将士督斩。

将士们被于谦的勇敢坚定的精神感动了，士气振奋，斗志昂扬，下决心跟瓦剌军拼死战斗，保卫北京。这时候，各地的明军接到朝廷的命令，也陆续赶到北京支援。城外的明军增加到22万人。

明军声势浩大，戒备森严，瓦剌军也先发动几次进攻，都遭到明军奋勇阻击。城外的百姓也配合明军，跳上屋顶墙头，用砖瓦投掷敌人。经过5天的激战，瓦剌军死伤惨重。

瓦剌军首领也先的弟弟索罗和大将毛那孩首先中炮身亡。这一战，杀得敌兵溃不成阵。也先见势不妙，企图撤兵，明军紧逼不放，瓦剌军死伤惨重。从此，也先再也不敢轻举妄动了。

于谦等明英宗去远了，就用火炮轰击，又杀伤了一批瓦剌兵。北京城保卫战，取得了辉煌的胜利。于谦立下了汗马功劳。

于谦保卫了北京,他的临危不惧的精神不仅鼓舞了士兵,更打退了敌人。一代文臣能有这样的勇气是值得我们景仰的。

梅兰芳撕画蓄须与日相抗

社会动乱时期,梅兰芳有一笔演出的收入,在赴港时曾带往香港存入银行。可是返回上海不久,日寇统治下的香港将这笔高额存款全部冻结,无法取出。

一直靠利息过日子的梅兰芳,家庭生活顿时举步维艰,后来他想出一个办法,那就是卖画,夫人磨墨,丈夫绘画。不到8天,画了20多幅鱼、虾、梅、松。不到两天,20多幅画就全部卖完了。

这件事传出后,上海文艺界、新闻界、企业界反响十分强烈,许多知名人士提出要为梅兰芳办画展,梅兰芳得知后特别兴奋,为不负众望,他苦战了半个月,画了几十幅作品,面交主办者安排。

然而,日伪汉奸获知后互相勾结,肆意捣乱,他们派来一群便衣警察,提前进入展览大厅大做手脚,前来参观的许多群众见状纷纷离开。梅兰芳看见门口冷冷清清,觉得奇怪。当他走进展厅后,发现每幅画上都用大头针别着纸条,分别写有"汪(精卫)主席订购""周(佛海)副主席订购"……梅兰芳夫妇目睹此景,气得两眼冒火,立即拿起桌上的裁纸刀,几分钟内国画化为碎纸。

梅兰芳义愤填膺的毁画举动,很快传遍整个上海,也很快传向大江南北。广大群众纷纷寄来书信,支持梅兰芳的爱国行动。梅兰芳看到全国人民对他如此赞赏和支援,感动得热泪盈眶,兴奋地对夫人说:"我梅兰芳再也不是一只孤雁了!"

之后梅兰芳仍然以卖画为生,梅兰芳苦涩地回忆着这几年的沧桑历程,心境忧闷地对朋友说:"一个演员正在表演力旺盛之际,因为抵抗恶劣的社会环境,而蓄须谢绝舞台演出,连嗓子都不敢吊,这种痛苦我无法用语言来形容。我之所以绘画，一半是为了维持生活，一半是借此消遣。否则，我真是要憋死了。"

梅兰芳在抗战期间断然蓄须明志，不为民族敌人演出，表现了一代艺术家不屈不挠的刚强骨气。这一事件成为神州大地感人的佳话，在中华儿女中广为传颂，极大地鼓舞了中国人民奋勇抗战的决心。

第七章

孝之价值标准：百善孝为先，常存仁孝心

> 所谓孝，是人之为人的基本要求，是天经地义的事情，它的具体表现主要在于以下几个方面：在心理上，对父母要尊敬，发自内心地关爱他们；在物质上，要尽最大努力奉养父母，不让他们为吃穿发愁；不惹是生非，不让他们为自己担忧；在他们生病的时候，尽力服侍他们，从而使父母能够颐养天年。这都是孝的基本要求。

重华大孝

传说黄帝以后，先后出了3个很出名的部落联盟首领，名叫尧、舜和禹。他们原来都是一个部落的首领，后来被推选为部落联盟的首领。

那时候，有什么大事，部落联盟首领都要找各部落首领一起商量。

尧年老之后，就想找一个继承他首领位置的人。于是，他召集四方部落首领来商议继承人的问题。大家都觉得舜很有德行，便推举了舜。为了考察舜的德行，尧把自己的两个女儿嫁给了他。

舜的父亲是个糊涂的人，舜的生母早死了，后母很坏。后母生的弟弟名叫象，很傲慢，但是舜的父亲很宠他，不喜欢舜。尽管这样，舜还是对他的父母、弟弟很好。

有一次，舜的父亲趁着舜修补谷仓的时候，撤掉了梯子，并且放了一把火，想把舜烧死，舜却死里逃生。尧的女儿知道后很惊讶，心想：舜的父亲为什么要杀害他呢，难道是他不孝顺吗？后来，她们才知道是舜的后母在捣鬼。

事后，舜并没有把这件事情放在心上，照样孝敬自己的父亲和后母。

通过长期的观察，尧发现舜是一个德才兼备的人，就把王位禅让给了舜。

后来明朝的萧良有在其著作《龙文鞭影》里面称舜的这种行为是"重华大孝"。

如果父母很疼爱子女，子女就很容易跟父母亲近，对父母极尽孝心，但是对讨厌自己的父亲和母亲去尽自己的孝心，不是谁都能够做到的，正因为难以做到，所以这种孝顺才显得更加难能可贵，可谓是至孝了。

第七章 孝之价值标准：百善孝为先，常存仁孝心

君王以孝治天下

周文王姬昌是个十分孝顺的人，每天天不亮的时候就沐浴更衣，收拾停当之后，就去父亲卧室门前恭候以向父亲问安，为了了解父亲的心情和身体情况，他不但每天早上过去恭候父亲，每天中午和晚上也会不厌其烦地向父亲请安，问候父亲心情可好，身体可安。

如果看到父亲身体、精神都不错，文王就显得特别开心，而如果哪天看到父亲身体不是太好，他就变得异常的忧虑，饭也吃不好，觉也睡不香，走路时候的脚步都变得踉跄起来。只有等到父亲的身体恢复正常之后，他的情绪也才能跟着恢复过来。

周文王不但会给父亲早晚请安，每到父亲吃饭的时候，他还会特意看饭菜是否合父亲的胃口，等到一切都安排妥当之后，他才会放心地离开。

在今天看来，周文王的举止似乎显得过于烦琐和矫情，但也正是他的这种举动，比较好地显示了他对父亲的一片孝心和尊敬之情。也正因为这点，他得到了百姓更多的认可和爱戴。

另外一个受百姓爱戴的君主就是唐太宗。

唐太宗推崇儒术，其中最明显的一条就是以孝治天下。他推行德化，鼓励忠贞，大力提倡孝悌。长孙王妃成了母仪天下的长孙皇后以后，一如既往地遵守妇道，每日早晚必去向年老赋闲的太上皇李渊请安，也教育皇子们要懂得长幼之序。

房玄龄生母早逝，他对继母也十分孝顺。据史书上记载，当他的继母生病，请医诊视，必定拜迎流泪。丁忧期间，为继母哀伤过度，身体消瘦，像一把干柴。太宗为了奖励他的孝行，派人前往宽慰，并且赠送了许多礼物。

《贞观政要》上还记载了这样一个故事。

贞观年间，有个名叫史行昌的突厥人在玄武门做看守。吃饭时，

他总是把肉留下。有人问他为什么，他回答说："拿回家侍奉母亲。"太宗听说后感叹说："仁孝的天性，哪分什么华人、夷人？"于是赐给他御马一匹，并诏令供给他母亲肉食。

唐太宗把孝作为治身的根本，极力推崇，使社会风气变得更淳朴。这不仅是修身之道，更是治国之道。以孝治天下是明智的英主，这也是唐太宗太平盛世最重要的原因之一。

汉文帝亲尝汤药

汉文帝是汉高祖刘邦的第三个儿子，他是妃嫔所生，原本不是太子，后来因为孝顺贤能，而被群臣拥立为皇帝。

汉文帝即位后，有一年，他的生母薄太后病了，他十分体贴地侍奉，从不懈怠。薄太后卧病3年，他每天都去探望，衣不解带地在旁边照顾，每次看到母后睡了，才趴在母后床边睡一会儿。母亲所服的汤药，他都要亲口尝过后才放心让母亲服用。

汉文帝孝顺母后的事，在朝野广为流传。人们都称赞他是一个仁孝之君。有诗颂曰："仁孝闻天下，巍巍冠百王；母后三载病，汤药必先尝。"

汉文帝的仁孝传遍了四方，感化了所有的官员和百姓。

汉文帝共在位24年，他一直很注意发展农业，用德治国，非常注意教化百姓孝顺。因此，在他在位期间，西汉社会稳定和谐，人丁兴旺，经济也得到恢复和极大的发展。在历史上，他与汉景帝的统治时期被共同誉为"文景之治"。后人为了纪念文帝的伟业和仁政以及他的孝道，将其列为二十四孝之第二孝。

自古道"久病床前无孝子"，刘恒却能做到三年如一日。万事孝为先，因为父母的付出远远比山高、比海深。怀着一颗孝心，去看待社会，看待父母，看待亲朋，你将会发现自己是多么的快乐。

第七章 孝之价值标准：百善孝为先，常存仁孝心

缇萦上书救父

汉文帝时期，在临淄这个地方出了一个很有名的人，她就是勇于救父的淳于缇萦。

淳于缇萦的父亲叫淳于意，本来是个读书人，但是非常喜欢医学，还经常给别人看病，所以在当地出了名。后来他做了太仓令，但是他为人耿直，不愿意跟做官的来往，也不会拍上司的马屁，所以在官场上很不得意，没有多久就辞职当起医生来了。

一次，淳于意被一位商人请去为他的妻子看病，结果没有好转，反而在几天之后死了。大商人仗势欺人，向官府告了淳于意一状，说他看错了病，致人死亡。

当地的官吏也没有认真审理，就判处他"肉刑"（当时，肉刑有脸上刺字、割鼻子、砍左足或右足等），要把他押解到长安去受刑。

除了小女儿缇萦，淳于意还有4个女儿，可就是没有儿子。在他被押解到长安去受刑的时候，他望着女儿们叹气说："可惜我没有儿子，全是女儿，遇到现在这样的急难，一个有用的也没有。"

听到父亲的话，小缇萦又悲伤又气愤，她想："为什么女儿就没有用呢？"因此，当衙役要把父亲带出家门时，她拦住衙役说："父亲平时最疼我，他年龄大了，戴着刑具走不太方便，我要随身照顾他。另外，我父亲遭到不白之冤，我要去京城申诉，请你们行行好，让我和你们一起去吧。"

衙役们见小姑娘一片孝心，就答应了她。当时正值盛夏，天气反复无常，时而雨水涟涟，时而天气晴朗。天晴时，小缇萦就跟在父亲旁边，不住地为父亲擦汗；遇上阴雨天，她就打开雨伞，以防父亲被雨水淋湿。

晚上，小缇萦还要给父亲洗脚解乏。这一切，深深地感动了押送淳于意的衙役。经过20多天的长途跋涉，他们终于来到了京城。履行

完相关的手续之后，淳于意马上就被关进了牢房。小缇萦不顾疲劳，也马上开始四处奔走，为父亲喊冤。

可是，人们一看申诉的竟是个还未成年的小姑娘，便没有给予理睬。小缇萦想，要解决父亲的问题，只能直接上书皇上了。于是，她找来纸笔，请人帮忙将父亲蒙冤的经过一一写好，恳求皇上明察。同时她表示，如果父亲真的犯了罪，她愿代父受刑。

第二天，小缇萦怀里揣着早已写好的信，来到皇宫前。就在那时，只见不远处尘土飞扬，马蹄声声，一辆飞驰的马车直奔皇宫而来。小缇萦心想："上面坐的一定是一位大臣。"她灵机一动，用双手举起书信，跪在马车前。

车上坐的是一位老者，他看到了小缇萦，便俯下身来，关心地问："小姑娘，为什么在这儿拦住我的去路，难道有人欺负你了吗？"小缇萦就把父亲被抓的事情一五一十地告诉了这位大臣，并请求他把信带给皇上。

听小缇萦说得那么诚挚恳切，这位大臣答应了她的要求。皇上读了这封信后，被深深地打动了，当他听说小缇萦千里救父的事迹后，更是十分钦佩。之后，皇上亲自审理此案，并为淳于意洗清了不白之冤。

缇萦作为一个古代的女子，尚且能够替父请命，孝心确实让人佩服。

要孝敬父母不能光有言行，还必须有真正付诸行动的爱。故事中的小缇萦，也许在她的心中根本就没有很明确的所谓孝顺的概念，但是，她拥有一种最朴素的孝顺行为，时时事事都想着自己的父亲，都站在父亲的角度来考虑问题。

戏彩娱亲

在历史上，有一位著名的孝子，由于他的生平现在已不可得到确

第七章 孝之价值标准：百善孝为先，常存仁孝心

切的考证，我们只知道他是一位隐士，大概生活在春秋时期。传说在他70多岁的时候，有一次，他特意穿了一件彩色的衣服，以逗父母开心，因此今人称其为老彩子。

老彩子供养双亲十分殷勤，非常孝顺，他自己也已经是古稀之年，但为了不让父母觉得他们年迈，在父母的面前，他从来都不会说自己也已经是老年了。

有一次，他给父母送饭，一不小心跌了一跤，他害怕父母看出来他也已经腿脚不是那么灵便了、害怕父母为自己担心，就故意坐在地上装作婴儿一样地啼哭起来，边哭边甩手，那样的动作像是在撒娇，他的父母不禁相视一笑，开心地说："这孩子怎么老也长不大啊！跟个小孩子一样，摔了还哭，赶快起来。"

还有一次，为了庆祝父亲的生日，他想了好久，怎么样才能让父亲高兴呢？苦想几天后，他想到了一个办法，他特意换上一件色彩斑斓的衣服，这件衣服穿在一位70多岁的老人身上的确有些奇怪，但是他觉得很漂亮，并且在父母面前蹦蹦跳跳，好像小孩子一样，看到他一副可笑的样子，父母被他逗得合不拢嘴。

老彩子就是这样不仅天天在物质上奉养父母，还常常想办法逗父母开心，他们家里也常常是一派其乐融融的景象。

在我们现代的人看来，老彩子好像是个小丑似的，会让人觉得他是不是脑子有问题，但如果我们能深思老彩子行为的背后，就会发现老彩子才是真的领悟了孝的精髓。而这点，是我们每个人都可以学习的，我们不用学习他逗父母所用的招数，但是只要我们能让父母因为我们而感到开心，都是值得称道的。

卧冰求鲤，雪天得瓜

卧冰求鲤的故事最早出自干宝的《搜神记》，讲述晋人王祥冬天为继母捕鱼的事情，被后世奉为奉行孝道的经典故事。房玄龄等编撰

《晋书》亦收录此事,元代郭居敬则将其列为"二十四孝"之一。

在晋朝的时候,有一个孩子叫王祥。王祥身世十分可怜,在他很小的时候,他的生母就去世了。后来,他的父亲又娶了一个朱姓女子,王祥的后母朱氏很不喜欢王祥。经常在王祥的父亲面前说王祥不听话,是个坏孩子,时间久了,王祥的父亲也变得不喜欢王祥了。但是王祥没有因此怨恨后母,他很听后母的话,不管后母叫他做什么事,他都尽力做好。

有一年冬天,后母朱氏特别想吃鱼,就让王祥去抓鱼来给她吃,但当时天寒地冻,江河全都结冰了,哪还有鱼呢?

王祥左思右想,终于想到一个办法,他决定用体温把冰融化以抓鱼,他脱掉衣服,卧倒在冰上,虽然冻得瑟瑟发抖,但是他仍然强忍着……忽然,冰裂开了,两条鲤鱼跳出来,王祥高兴地抱着鲤鱼回家烹调好,让后母朱氏吃。随着时日渐长,后母朱氏慢慢被王祥如此的孝心感动,对王祥也像对待亲生儿子一般了,从此以后,一家人开心地生活在一起。

为了给父母养老送终,王祥隐居了20余年,守完孝之后,才应邀出外做官。从温县县令做到大司农、司空、太尉,并被封为睢陵侯。后人为了纪念他,还专门编了一首诗:继母人间有,王祥天下无。至今河水上,一片卧冰模。

王祥卧冰求鲤的故事是个至孝的例子,让我们明白孝顺的人对父母的使唤总是极尽所能,但是对于这种过于极端的做法我们不提倡,也就是说,我们需要学习的是他的这种精神,而不是他的这种行为。

王祥卧冰求鲤的故事被推为"二十四孝"之首,影响最为深远。王祥以孝事亲的行为,规范了几千年来人们的思想和行为,成为历史上的一段佳话。

王荐雪天得瓜也是推崇孝顺的故事,王荐生性十分孝顺,侍奉双亲也十分尽心尽力,不管父母有什么要求,他都努力替父母办到。

有一年,父亲病入膏肓,躺在床上奄奄一息,王荐见父亲这种情景,恨不得替父亲去受苦,但由于医生已经束手无策,让王荐赶紧为父亲准备后事,王荐没有别的办法,就天天向上天祈祷让自己折寿以延续父亲的生命。

就这样过了段时间,奄奄一息的王荐父亲不但没有过世,反而慢慢清醒过来。有一天,他告诉一个过来看望他的朋友说,前几天,我做了一个奇怪的梦,在我的梦里出现了一个神仙,他拿了一个红色帕子,穿了一身蓝衣服,他对我说:你是个有福之人,修了这么孝顺的儿子,本来你寿限已到,但因为你儿子很孝顺,感动了上天,上天决定再赐给你12年的寿命。就这样,王荐的父亲又慢慢恢复了健康,又过了12年,王荐的父亲才如他梦中所启示的那样过世了。

王荐的父亲过世之后,王荐对母亲也是极尽孝道,有一年冬天,王荐的母亲生了一种怪病,不管喝什么都依旧是口干舌燥,问她想吃什么,就说只想吃瓜。当时正值隆冬天气,上哪儿找瓜呢?王荐四处求人,但是大家也都毫无办法。

眼看着母亲的病怎么也治不好,王荐不禁心急如焚,异常痛苦,有一天他只身一人来到深山老林里面,独自痛哭垂泪,心里怨自己不能满足母亲的要求,导致母亲的病久久都好不了。

忽然,他看到前面的岩石缝里竟然有瓜秧缠绕,在瓜秧上面竟然结了两个鲜瓜,他喜出望外,也顾不得危险,就攀上岩石把那两个瓜摘下来,拿回家让母亲食用,母亲的病竟然因此好了。

每个人都知道要孝顺父母,但不是每个人都清楚应该怎样尽孝道。有人认为,给父母提供很好的物质条件就是孝顺父母,其实,这只能做到"外安其身"。真正的孝道是要能够"内安其心"。如果不能从心里尊敬父母,就不是真正的孝道。

孝妇颜文姜

颜文姜是春秋战国时期齐国(今山东省淄博市界)人,是当时齐地青州府颜家庄人士,在19岁的时候,嫁给了博山地区凤凰山下的郭姓人家,过门没多久,丈夫就病逝了,当时婆婆已经年迈,还有一个未成年的小姑子,生性善良的颜文姜就在郭家侍奉公婆,帮忙抚养小姑，十分孝顺。

婆婆为人尖刻，对颜文姜态度十分恶劣，稍不如意，就把颜文姜责骂一顿，但颜文姜毫无怨言，还是尽心尽力地侍奉婆婆，当时凤凰山水源奇缺，婆婆喜欢喝清水泡的茶，就让颜文姜去几十里外的石马村去挑，为了不让颜文姜在路上休息，恶毒的婆婆特意制作了两只尖底的水桶，但颜文姜也从来没说过什么，每次都辛辛苦苦地去挑水。

传说，她的孝心感动了太白金星，他就化作一个牵着马的老者，在路边等着颜文姜，等到颜文姜挑水路过他身边的时候，他对颜文姜说自己的马渴了，想让它喝点颜文姜挑的水，善良的颜文姜毫不犹豫地答应了，然后让老者的马喝自己身后的那桶水，见此情景，老者不禁奇怪，就问她为什么不能喝前面那桶水，颜文姜告诉老者，前面那桶水是专门给婆婆喝的，不能让马弄脏了，后面那桶水是自己喝的。

老者决心帮助颜文姜，等到马喝完水之后，他就把马鞭给了颜文姜，告诉她回去之后，把马鞭放在水缸里，如果没有水了，就轻轻提下鞭子就可以了，但需注意不要提得过猛，免得酿成灾难。

颜文姜回去一试，果然灵验，从此之后再也没去挑过水，没想到婆婆看到颜文姜很久没去挑过水了，家里却一直有水吃，就去水缸前看个究竟，她看到水缸里有个破烂的马鞭，不禁勃然大怒，猛地提出来想去鞭打颜文姜，没想到这时候忽的一声巨响，放水缸的地方涌出巨大的水流，一下子把她冲出去很远。

正在干活的颜文姜听到巨响，赶紧过来查看，看到这种情景，她明白是婆婆动马鞭了，于是她赶紧去用身体挡住涌水的地方，慢慢地水流小了下去，后来只剩下一股甘泉流出来，这股泉被后人称作灵泉，后来为了纪念孝妇颜文姜，又在此地建立了颜文姜祠。

父母对子女的爱，就像流水，一直在流；而子女对父母的爱，就像风吹树叶，风吹一下，就动一下；风不吹，就不动。趁他们有生之年赶快尽一点自己的心意，莫要等到"子欲养亲不在"时再后悔。

第七章 孝之价值标准：百善孝为先，常存仁孝心

子路背米

相传我国伟大的思想家、教育家孔子一生弟子三千，其中贤弟子七十二。这七十二人中有一个叫子路的人，在所有弟子当中，他以勇猛耿直闻名，而其自幼的孝行也常为孔子所称赞。

子路小的时候家里很穷，一家人时常在外面采集野菜充饥。有一次，子路年迈的父母许久没有吃过饱饭了，总念叨着什么时候能吃上一顿米饭该多好啊！可是家里一点米也没有。子路看在眼里，急在心里：这可怎么办啊？子路突然想起山那边舅舅家里还比较富足，要是翻过那几道山到他家借点米，他们心疼我，就一定肯借，那父母的心愿不就可以满足了吗？于是，子路打定主意出发了。

他不顾山高路远，翻山越岭走了几十里路，从舅舅家借到一小袋米，又马不停蹄地往家赶。夜里看着满天的繁星，一个人走在漆黑的山路还真有点害怕，可想到父母还在家里等着自己，子路又鼓起勇气，大步流星地朝前赶去。

回到家里，生火、洗锅、打水，蒸熟了米饭，自己一口也舍不得吃，连忙捧给了父母。看到父母吃上了香喷喷的米饭，子路忘记了一切疲劳，开心地笑了。

父母去世以后，子路南游到楚国。楚王非常敬佩他的学问和人品，给子路加封到拥有百辆车马的官位。家中积余下来的粮食达到万石之多。坐在垒叠的锦褥上，吃着丰盛的筵席，子路常常怀念双亲，感叹说："真希望再同以前一样生活，吃藜藿等野菜，到百里之外的地方背回米来赡养父母双亲，可惜没有办法如愿以偿了。"孔子赞扬他说："你侍奉父母，可以说是生时尽力、死后思念哪！"

"树欲静而风不止，子欲养而亲不待。"这是皋鱼在父母死后发出的叹息。这与子路的心态不谋而合。尽孝并不是用物质来衡量的，而是要看你对父母是不是发自内心的诚敬。

我们能孝敬父母、孝养父母的时间一日一日地递减。如果不能及时行孝，会徒留终身的遗憾。孝养要及时，不要等到追悔莫及的时候，才思亲、痛亲之不在。然而，今天的很多孩子缺乏尊重父母、尊重长辈的美德，他们以自我为中心，自私自利。想想看，一个连父母都不尊重的孩子，他怎么能算一个好孩子？他怎么能算一个好学生？长大后，他怎么能尊重老人、赡养老人？怎么能担负起家庭和社会的重任？"生时尽力、死后思念"，子路为我们作出了最好的榜样。

闵子骞单衣顺母

闵子骞，名损，字子骞，春秋末期鲁国（现山东鱼台县大闵村）人，孔子高徒，在孔门中以德行与颜回并称，为七十二贤人之一。他为人所称道，主要是他的孝，作为二十四孝子之一，孔子称赞说："孝哉，闵子骞！人不间于其父母昆弟之言。"

闵子骞幼年即以贤德闻名乡里，他母亲早逝，闵子骞非常孝顺，父亲怜他衣食难周，便再娶后母照料闵子骞。这样闵子骞就不用那么辛苦了。可是过几年后，后母生了两个儿子并且非常疼爱自己的孩子，待子骞渐渐冷淡了。

闵子骞受到后母虐待，冬天穿的棉衣上以芦花为絮，而其弟穿的棉衣是厚棉絮，即使是这样，闵子骞也忍受着，不肯向任何人说。

一天，父亲回来，叫子骞帮着拉车外出。外面寒风凛冽，子骞衣单体寒，但他默默忍受，什么也不对父亲说。后来绳子把子骞肩头的棉布磨破了。这时，父亲看到棉布里的芦花，知道儿子受后母虐待，非常生气，回家后便要休妻。

闵子骞看到后母和两个小弟弟抱头痛哭，难分难舍，便跪求父亲说："母亲若在，仅儿一人稍受单寒；若驱出母亲，三个孩儿均受寒。"在子骞的苦苦请求下，父亲收回了休妻的想法，子骞孝心感动后母，后母想想以前做过的事情，真是后悔莫及，子骞却以德报怨，不计前嫌。后母痛改前非，自此母慈子孝合家欢乐。子骞的孝心不仅感动了后母，更换来了个和谐的家庭。

孟子曰："唯孝顺父母，可以解忧。"闵子骞的孝行备受后人推崇，明朝编撰的《二十四孝图》将闵子骞排在第三，作为中华民族文化史上先贤人物备受后人敬仰。

闵子骞不仅孝，而且宽容友爱，正是这些品德，使一个即将分崩离析的家庭重归于好，以自己的行为感动后母，使家庭和睦，母慈子孝，生活没有遗憾，这实在是人生一大幸事。

孝敬，要做到发自内心。有一位诗人曾经写过：人类的美是以爱来呈现的。而孝敬感恩的心灵，是人类最美丽的种子，它发芽之后，开出最美的爱之花，结出最美的爱之果。所以，千万不要对父母感到厌烦。做子女的欠父母的恩情一辈子都还不完，即使心中有怨言，也不要流露出来。因为爱在态度上，你对父母爱的图画，就描绘在你自己的脸上。

孝子黄香，天下无双

黄香是我国东汉时期的一位文化名人。他为官的品位并不高，最高职务是魏郡太守，大约也就是一个四品官员。

黄香家里非常贫穷，在很小的时候，他就知道亲近、孝顺父母，是一个孝顺的孩子。可不幸的是，黄香9岁便死了母亲，又没有兄弟姐妹，只有他和父亲相依为命。

他深知父亲的辛苦，对父亲倍加孝顺，一切家务活由他一个人承担，别的小孩子在玩耍时，他在家里劈柴做饭，好让父亲有更多的时间休息。

黄香平时帮助父亲操持农活、料理家务，对父亲十分尽心尽孝，人们都夸他是个好孩子。

夏天的时候，天气炎热，黄香的父亲干完活儿，坐在院子里乘凉。

黄香就用扇子把床扇凉，然后伺候父亲上床就寝。

冬天的时候，天寒地冻，常常下几天的大雪，由于家里贫穷，没有那么多取暖的东西，他就先用自己的身体把被窝暖热，才让父亲躺下睡觉。日久天长，黄香对父亲的孝道深得乡邻的称赞。

一天，黄香从山上打柴回来，看见路上有一条长蛇快要干渴而死，就将它带回家放进屋后的小河沟里。长蛇见了水后就活了过来，似乎是感激而向黄香点了3个头，就钻进了河底。

一年，黄香的父亲突然患了一种面黄肌瘦、四肢无力的怪病，无论黄香请来远近闻名的郎中诊治，还是黄香自己怎样精心调理，父亲的病就是不见好转！黄香为此急得不思茶饭，人也瘦了不少。

一天夜晚，长蛇突然托梦给黄香说："我是鳝鱼，你把我做熟了给你的父亲吃，你父亲就会好的。"黄香一梦醒来，便来到屋后河沟观看，果然见沟里有无数条笔杆般长短、笔杆般粗细的鳝鱼，就用渔篓装了一些回去，炖好了给父亲吃。说也奇怪，父亲带肉带骨头地吃了鳝鱼后，病就完全好了！

在黄香12岁时，江夏的太守称他为"至孝"，汉和帝也曾嘉奖过他。

爱妈妈，给她一个意外的惊喜；爱爸爸，给他一次眼前豁然开朗；爱朋友，给他们做些力所能及的事；爱周围的一切，让自己的存在能给别人带来快乐。让真爱的花朵处处盛开，我们的生命就一定会更加绚丽！

孝顺的珠宝商

从前，有一个珠宝商很有名，要说他出名的原因，不是他收藏的珠宝多，而是他的优秀品质。

一天，几个老人找他买一些宝石，老人来到珠宝商的家，说出他们需要的宝石，同时给出了一个合理的价格。可是珠宝商说现在不能看那些宝石，请老人过一会儿再来。

老人认为珠宝商有意拖延，好以这个借口提高价格，他们不愿多耽搁，于是给出了双倍的价钱，珠宝商还是不愿意出示珠宝，老人只好出3倍的价钱，可是珠宝商还是不接受，这些老人们只好怒气冲冲地走了。

几小时之后，珠宝商找到几位老人，把他们需要的宝石摆在桌子上。老人给出他们所报最高价的钱，珠宝商却说："我只收你们早晨给出的合理价格。"

老人们奇怪地问："既然如此，你那时候干吗不做这一笔生意呢？"

珠宝商说："你们早晨来的时候，我父亲正在睡觉，宝石柜的钥匙在他身上，要拿宝石只能叫醒他。父亲年龄已经很大了，而且现在身体不是很好，安稳的午休对于他来说是很重要的。所以一般在他老人家午睡的时候，我从来不打扰他。即使你们给我全世界的金钱，我也不能打扰父亲的休息。"

珠宝商的话深深地打动了这些老人，他们动情地拍着珠宝商的肩膀说："你这样敬爱父母，将来你的孩子也会这样敬爱你。"

再名贵的珠宝，即使价值连城，也还可以明码标价。但是一颗孝顺父母的心灵是无价之宝，无人能为它标上确切的价格。

我们一天天在成长，父母却在一天天苍老，拿什么报答他们的养育之恩？父母不需要太多的钱财，他们的要求特别简单，有可能是一个温暖的电话，还可能是一晚上体贴的谈话……孝心是父母最大的安慰与补品。

回家见佛

宋朝人杨黼为人善良，十分喜欢佛家之道，尤其崇拜得道高僧希迁和尚（即无际大师），他知道无际大师在蜀中地界，就特意去拜访，走到半路，他又累又渴，见到路边有一个老和尚，就上前去打听拜见无际大师还有多远的路，听杨黼说完原由，老和尚认真地对他说："要想得道，拜见无际还不如直接拜佛呢。"

对此，杨黼十分不解，就问他佛在哪里？自己连无际大师都找不到，更别说佛了。老和尚笑着告诉他，你赶紧回去吧，遇到那个倒穿着鞋子、披着衣服的人，就是见到佛了。杨黼半信半疑地往回走。

第一天晚上，他借宿到一个热情的农户家里，他仔细观察这家人的穿着，发现这家人衣着整洁，也没人倒穿鞋子，不禁很失望。

第二天晚上，一户家境殷实的地主留他住宿，同样，他还是失望了。就这样，又走了三四天，眼看就到家门口了，杨黼不禁十分失望，在心里暗暗骂那个老和尚是骗子。他少气无力地敲着自己的门，并喊着："我回来了。"还没等到他回过神来，就看到母亲满脸喜色地为他打开了门。他惊讶地发现，母亲的衣服是披在身上的，而鞋子竟然是倒穿的，原来，母亲日夜思念儿子，一听到声响，就马上过来给儿子开门，完全没意识到鞋子是倒穿的。

这时候，杨黼一下子明白了老和尚所说的含义，从此就在家里专心侍奉父母，再也没有出去找过佛。因为他知道，双亲就是活佛。

古代人喜欢烧香拜佛以求平安，即使在现代社会，也有很多人喜欢去烧香拜佛，以求得神灵和佛祖的保佑，从而使自己的生活平安、快乐，但是很少有人想到常常向父母问好、请安，其实父母就是我们身边的活佛，如果我们在家里能够全心全意地孝敬父母，就相当于天天拜见了活佛，也就相当于修身了。

父母都老了，孝敬他们的时间也少了，所以，尽孝就现在吧！

嘴说不如行动

黄庭坚，北宋时期的著名文人，是当时四大书法家之一，与苏东坡齐名，世人尊称他们二人为"苏黄"。黄庭坚不但写得一手好字，还曾经担任过国子监、太史等官职。

第七章 孝之价值标准：百善孝为先，常存仁孝心

按照他的显贵程度，肯定是要忙于政事，家里有成群的奴婢，母亲的养老问题应该完全不用他担心，但黄庭坚没有因此为自己找借口，他不放心别人来伺候他的母亲，总是事必躬亲。

在他母亲生病的时候，他自是衣不解带、日夜守护在母亲身边，为母亲端屎端尿，陪母亲聊天解闷，即使在平时，他也是每天都为母亲把便桶洗得干干净净。有时候，他家里的奴婢总是劝他休息一下，这些事情有他们来干就行了，但是黄庭坚总是摇摇头，继续坚持自己来为母亲洗便器，他给奴婢们说，在我小的时候，母亲从来没有嫌弃过我，为我擦屎擦尿，现在母亲老了，正是我该回报母亲的时候了。

他觉得为母亲做这些事情让他感觉到很开心，这是在尽儿子应该尽的职责。

孝顺绝不是喊口号、讲排场，而是用实际的行动表达自己对母亲的孝顺之意。这样做才是真正的孝顺。

焦化，晋代南安人，父亲名叫焦遗，是西秦安南将军。焦化是个孝子，平日里对父母照顾得十分周到。

有一年冬天，焦遗生了重病，焦化不分白天黑夜地服侍父亲，但是焦遗的病迟迟不见好转，焦化整天忧心不已，后来，父亲说很想吃新鲜的瓜，这可难为住了焦化，冬天上哪儿去找瓜呀？他整天茶饭不思，一心想为父亲觅得一瓜。一次，他在美好的愿望中睡着了，并做了一个奇怪的梦，一个声音对他说，我给你送来了瓜。焦化别提多高兴了，接过瓜就笑醒了。

醒来之后，他明白自己只是做了个梦，不禁感觉到失望，但是没想到他手里真的拿了一个新鲜的瓜，他的父亲食用后，精神一下子就好了很多，慢慢地病竟然痊愈了。

后来，他的纯孝事迹被西秦王乞伏干知道了，就提出把自己的女儿许配给她，没想到焦化却说王姬身份高贵，我没有能力让她过上好的生活，没有资格娶如此尊贵的小姐，就婉拒了这门亲事。

焦化说的话一半是事实，一半是托词，他只是觉得孝顺父母是自己应该做的事情，而不是自己攀龙附凤的工具，因此才婉拒了这门亲事。

乞伏干自然明白焦化的意思，他不但没有生气，反而让他担任了

尚书民部郎一职。

孝顺不是嘴上说说就可以，而是用实际行动来证明的，正所谓，说到容易做到难。

义乌命名的由来

对于义乌，大家应该都不陌生，因为它现在是全球最大的小商品集散中心，关于它名字的由来，有这样一个感动人心的故事。

相传，在先秦的时候，有一对颜姓父子，父亲叫颜凤，儿子叫颜乌，他们从山东一路南下避难，到达了今天的义乌境内，父子俩初来此地，无依无靠，就靠给一家财主做工为生，他们的住所更是简单，就是野外的一处山洞。虽然生活十分艰苦，但是颜乌对待父亲十分孝顺，夏天为父亲赶蚊子，冬天为父亲暖被窝，父子俩生活得也算和美。颜乌的孝行感动了乌鸦，在夏天的时候，它们竟然还帮着吃蚊子，日子长了，严家父子也常常喂乌鸦一些粮食。

但是好景不长，颜凤因为劳累过度，一病不起，颜乌十分忧心父亲的病情，但无力回天，在一个凌晨，颜凤去世了。颜乌日夜流泪不止，痛哭哀号父亲的仙逝，等到悲痛稍轻之后，他就开始用工具，后来索性用双手挖坑准备葬父，一直挖了几天几夜都没停息，直到双手血肉模糊，累晕过去。

这时候，成千上万只的乌鸦飞过来，只见每只乌鸦都衔着泥块，它们把泥块放在颜凤的身上，就这样，它们一趟趟地飞来飞去衔泥块帮助颜乌葬父，后来，乌鸦嘴喙受伤了，一滴滴的血染在泥块上……终于，它们垒起一个坟堆，使颜凤得以安葬。

而颜乌因为劳累、伤心过度，那次累晕之后竟然没能醒过来，而乌鸦在颜凤坟的旁边又衔泥成坟葬了颜乌。

后来，人们为了纪念这些乌鸦和颜乌的孝心，就把这片地方叫作"乌伤"。后来，秦始皇在这里建县名"乌伤"，公元 624 年，乌孝、华川两县合并,定名义乌,一直沿用至今。

在生活中,我们太容易得到爱,但我们给予父母爱的时候不多。如果我们长大了,懂事了,就应该怀着一颗感恩的心去体谅、去爱父母,应该担当起照顾、孝敬父母的责任。

比如给下班的父母拿拖鞋,递上一杯热茶;给劳累了一天的父母按摩、洗洗脚、捶捶背;烧一道自己会做的小菜;为父母做一些力所能及的家务,减轻父母的负担等。当我们通过行动表达我们的懂事和孝心时,相信更能阐释爱的美好。

第八章

廉之价值标准：廉洁之风，中华美德的源泉

> "廉"指不受无名财物。廉者清如水，不求非其所有，临大利而不易其心；尽管囊中无物，然非己所有，虽一毫而不取。以廉自律，或许会使自己身陷贫穷，但物质上的匮乏不能使廉洁之士感到困苦，因为他们的内心是充足的，所以他们知足而无所贪恋。这种内心充足的长久快乐，是精神对于物质的最大胜利。

安贫乐道的庄子

庄子,名周,是战国时期著名的思想家、哲学家、文学家,是道家学派的代表人物。他抨击儒、墨两家的权势观,鄙弃虚情假意,主张顺其自然。

庄子曾做过漆园小吏,生活很穷困,却不接受楚威王的重金聘请,他是一位非常廉洁、正直,有相当棱角和锋芒的人。

楚威王仰慕他的才学,想请他来辅佐朝政,多次派使者来请他,都遭到庄子的拒绝。

一次,庄子正在濮河上钓鱼,楚王又派两位大夫来请他去做官,他们对庄子说:"大王想将国内的事务劳累您啊!"

庄子拿着渔竿没有回头看他们,说:"我听说楚国有一只神龟,已经死去3000年了,楚王却把它用锦缎包好装在匣子里,藏在庙堂之上。作为一只龟,是死了留下尸骨让人尊敬好呢,还是情愿活着而拖着尾巴在泥沼中爬行好呢?"两个大夫说:"还是活着好啊。"于是庄子说:"请回吧!我将在烂泥里摇尾巴。"使者无言以对。

一个人的"私"与"贪"就已经足够给个人或组织带来极大的伤害,倘若这种行为传播开来,形成风气,对组织和个人更是致命的打击,这也是所有组织或团体都不想看到的。

因此,无论是为了社会风气和文化与氛围,还是为了自身的利益,我们都必须坚守职业道德的底线,克制"私"与"贪",避免因为因小失大,得不偿失。

庄子不为了富贵当"犬马",坚决不被名利所束缚的骨气让我们敬佩。他一生淡泊名利,主张修身养性、清净无为。他认为与其做官戕害人的自然本性,不如在贫贱生活中自得其乐,这正是庄子独特人格魅力的卓越体现。

第八章 廉之价值标准：廉洁之风，中华美德的源泉

廉者不食嗟来之食

春秋战国时期齐国有一个富翁叫黔傲，他是一个高傲的人，很看不起穷人。

有一年国家闹灾荒，穷人几乎天天都没有东西吃，一个个饿得东倒西歪。他便想拿出点粮食给灾民们吃，但又摆出一副救世主的样子，他神气活现地站在路边，把做好的窝窝头摆在旁边，施舍给过往的饥民们。

每当过来一个饥民，黔傲便丢过去一个窝窝头，并且傲慢地叫着："叫花子，给你吃吧！"有时候，过来一群人，黔傲便丢出去好几个窝窝头，让饥民们互相争抢，黔傲在一旁嘲笑地看着他们，十分开心，觉得自己真是大慈大悲的活菩萨。

这时，有一个瘦骨嶙峋的饥民走过来，只见他满头乱蓬蓬的头发，衣衫褴褛，将一双破烂不堪的鞋子用草绳绑在脚上，他一边用破旧的衣袖遮住面孔，一边摇摇晃晃地迈着步子，由于几天没吃东西，他已经支撑不住自己的身体，走起路来有些不稳了。

黔傲看见这个饥民的模样，便特意拿了两个窝窝头，还盛了一碗汤，对着这个饥民大声吆喝着："喂，过来吃！"饥民像没听见似的，没有理他。黔傲又叫道："嗟，听到没有？给你吃的！"只见那饥民突然精神振作起来，瞪大双眼看着黔傲说："收起你的东西吧，我宁愿饿死也不愿吃这样的嗟来之食！"

黔傲万万没料到，饿得这样摇摇晃晃的饥民竟还保持着自己的人格尊严，他满面羞惭，一时说不出话来。

古往今来，有许多自尊自强的人。"廉者不食嗟来之食"，陶渊明不为五斗米折腰，李白高吟"安能摧眉折腰事权贵，使我不得开心颜"……他们都不因一时的困窘而忘了自己的尊严。尊严是做人的根本。无论在什么时候，我们都应当挺起脊梁堂堂正正做人。

吴隐之酌贪泉而觉爽

"初唐四杰"之一的王勃,其名作《滕王阁序》中有"酌贪泉而觉爽"一句,说的是东晋清官吴隐之的故事。

据说,在广州北郊 30 里的石门镇有一个名为"贪泉"的地方。传说,若有人饮此泉水,便会变得贪得无厌,所以才有了这样一个名称。

在西晋时,朝廷派往广州的几任官员,后来又都因故撤职,原因就是贪污受贿,人们传说这是他们喝了泉水的缘故。

后来,东晋朝廷派去一位廉洁的名吏吴隐之任广州刺史,到任之日,他领随从来到贪泉边,对僚属们说:"不见可欲,使心不乱,越岭丧清,吾知之矣。"说毕,拿起水瓢,酌而饮之,并赋诗一首:"古人云此水,一歃怀千金。试使夷齐饮,终当不易心。"

吴隐之用实际品行证实了自己当初的誓言,他在广州任职多年,廉洁奉公,一尘不染。吴隐之在广州多年,离任返乡时,随身的物品仍然是当初来时的简单行装。唯有妻子买的一斤沉香不是原来的物件,吴隐之认为来路不明,立即夺过来丢到水里。

由于吴隐之卓著的政绩,被擢升为度支尚书、太常等职。但是身居高位的吴隐之仍然不减清廉作风,所住房屋只有茅屋 6 间,篱笆围院。皇帝赐给他牛车,并为他盖一座宅院,但都被吴隐之坚决推辞掉了。吴隐之家庭日常生计由妻子纺织维持,其所得俸禄,妻子不沾一分,除了留下家人的口粮,其余的则全部用来接济穷人。

吴隐之一生清廉如此,即便是自己女儿出嫁也未曾有任何铺张。早在吴隐之去广州任职之前,他在大将军谢石门下做主簿,他的女儿就是在这时候出嫁的。

吴隐之的女儿出嫁之日,素来对吴隐之较为关心的谢石料定,一向俭朴的吴隐之必定会从简操办。于是命令下人带着操办喜事所需的各种物品去帮忙。情况果然如谢石所料,吴隐之的家里冷冷静静,没

第八章 廉之价值标准：廉洁之风，中华美德的源泉

有半点操办喜事的气氛，唯见婢女牵了一只狗要去市上卖。上前一问才知道，原来吴隐之要靠卖狗所得的钱用来做女儿的嫁资！

真正的清廉之士，会始终贯彻坚持自己的品行操守和价值取向，决不会因为自身地位的改变或者环境的变化而有所改变。其他官员变得贪婪是因为他们内心的坚持敌不过环境的诱惑，并非"贪泉"所致，吴隐之用酌饮"贪泉"和清廉如水的操守证明，喝"贪泉"之水就会变得贪婪根本就是无稽之谈。

中下与中上之评

唐朝时人卢承庆，字子余，家在幽州涿县。他的父亲卢赤松，曾经做过隋朝的河东县令，与唐高祖李渊素来是故交。卢赤松听说高祖兴兵反隋，在霍邑迎见高祖，被授官为行台兵部郎中。卢承庆容貌俊美，仪态大方，学识渊博而有才能，很小就继承了父亲的爵位。唐太宗贞观初年，卢承庆任秦州参军时，入朝奏报军事情况，太宗认为他辩才杰出，提升为考功员外郎，是专管官吏考绩的，因为他做事认真、公正，深受人们的称赞。

一次，卢承庆奉命调查漕运船只失事的责任问题，他给负责此事的一个官员评定了"中下"的评语，并通知了本人。受到惩处的官员听说后，没有提出意见，也没有任何疑惧的表情。卢承庆事后想了想，觉得粮船翻沉，并不是他一个的责任，也不是他一个人可以挽救的，给他一个"中下"的评语未免太过严苛了，于是把评语改成了"中中"，并通知了本人。那位官员依然没有发表意见，既不说一句虚伪的感激的话，也没有什么激动的神色。卢承庆得知此事，脱口称赞道："好！宠辱不惊，难得难得！"于是，又把他的评语改成了"中上"。

后来，卢承庆本人也总经历大起大落，命运坎坷，但他的心情始终平静如水，并不因人生的起落无常而改变自己为人的原则。

卢承庆临终前告诫儿子说："生死是人生的常理。就像有清晨就有

黄昏一样。我死后用平常的服饰装殓，月底、月初不要杀牲祭奠，下葬时也不用占卜吉日，用陶器陪葬就行了。棺材就用木制的，坟墓高到可以辨认（即可），墓志上只要写明所任官职、生卒年月，不用那些虚浮夸耀的言辞。"

《小窗幽记》中有一副抒情志联："宠辱不惊，看庭前花开花落；去留无意，望天上云卷云舒。"大意是：为人做官能视宠辱如花开花落般的平常，才能"不惊"；视职位去留如云卷云舒般变幻，才能"无意"。这寥寥数语深刻道出了对待名誉和地位应持的正确态度。

人要有经受成功、战胜失败的精神防线。成功了要时时记住，世上的任何成功或荣誉，都依赖周围的其他因素，绝非你一个人的功劳。失败了不要一蹶不振，只要奋斗了，拼搏了，就可以无愧地对自己说："天空不留下我的痕迹，但我已飞过。"这样就会赢得一个广阔的心灵空间，得而不喜，失而不忧，把握自我，超越自己。

佛经云："心包太虚，量周沙界。"你能把虚空宇宙都包容在心中，那么你的心量自然能如同虚空一样广大。无论荣辱悲喜，成败冷暖，只要心量放大，自然能做到风雨无惊。

杨震"四知"

东汉时人杨震，从小接受父亲教诲，少年时便聪明好学，后拜名儒桓郁为师，学习儒家经典。几年之后，杨震通晓经传，博览群书，成为一个大学问家。

弱冠之后，杨震拒绝了许多大官的征辟，一心秉承父亲遗愿，设馆授徒。杨震坚持有教无类，且学问博大精深，因此远近钦慕，四方求学之士络绎不绝，学生多达3000余人，被人尊称为"关西夫子"。

大将军邓骘对杨震的品行和学识都敬佩有加，亲自征召杨震担任幕僚。有感于邓骘的诚意，已经年逾五旬的杨震决定去邓府任职。不久之后，杨震又被推举为茂才（即秀才）出任地方官，担任襄城（今

第八章 廉之价值标准：廉洁之风，中华美德的源泉

河北省襄城县）令，之后相继担任荆州刺史、东莱太守、涿郡太守等职。元初四年（117年），杨震被征入朝廷任职，担任太仆（九卿之一），负责舆马及牧畜之事。同年十二月调为太常（九卿之一），掌管朝廷礼、乐、郊庙之事。永宁元年（120年），升为司徒，位列三公，主管教化。延光二年（123年），升为太尉，掌管朝廷军事大权。

在杨震开办教育的30多年间，杨震一直以正直清白教诲学生。在其为官的20余年间，杨震同样以正直清白自守。他始终以"清白吏"为座右铭，严格要求自己恪尽职守，能够做到不私受贿赂，一切事情秉公办理。

清廉高洁的官员素来为百姓称颂，"暮夜却金"的故事一直为世人所熟知，而故事的主角就是杨震。在一次赴任途中，当杨震经过昌邑时，得知昌邑县县令是王密。当初在荆州时，王密因为杨震的举荐而得到重视。如今经过故人管辖之地，杨震便决定前往拜访一下。两人见面，自然是一番寒暄叙旧。等到了晚上，王密怀揣着10斤黄金来到杨震住所，想要杨震给他打通关系。杨震遗憾地说："我了解你，你却不了解我，这是为什么呢？"王密说："您不必担心，送金这件事在夜间是没有人知道的。"杨震回答说："这件事情，上天知道，神明知道，我知道，你知道（天知、地知、你知、我知）。怎么说没有人知道呢！"王密听后非常惭愧，便带着金子回去了。

杨震为官，从不谋取私利。他的子孙们也与平民百姓一样，蔬食步行，生活十分简朴。曾有亲友劝杨震为子孙后代置办些产业，杨震坚决不肯，他说："让后世人都称他们为'清白吏'子孙，这样的遗产，难道不丰厚吗？"

古语有云："正心，修身，齐家，治国，平天下。廉洁修身，乃齐家之始，治国之源，平天下之基。"

中国，一个礼仪之邦，一个道德之国，无论是孔子还是孟子，无论是屈原还是范仲淹，廉洁之风，修身之气，贯穿始终。当今世界，物欲横流，廉洁修身有时已被金钱、名声、利欲抛之于脑后。

彭泽居官清正

彭泽少年时家境贫寒，从小立志苦学，于明孝宗弘治三年（1490年）考中进士，初授吏部主事，后历官至刑部郎中。后来，为官耿直的彭泽因为得罪权势宦官，被外放为徽州知府。

在徽州知府任上，彭泽因为自己的女儿出嫁，便用自己的俸银做了几十个漆盒当作陪嫁之物，派属吏送老家兰州。彭泽的父亲见后大怒，立刻将彭泽遣人送来的漆盒付之一炬，然后打点行装从千里之外的兰州来到了徽州。

彭泽听说父亲突然来到，不知家中出了什么大事，忙出衙相迎，却见父亲怒容满面，一声不发地站在衙门面前。彭泽见状，也不敢造次发问，见父亲满面风尘，又背负行李，便使眼色让手下府吏去接过行李。彭泽的父亲更是有气，把行李解下，掷到彭泽的脚下，怒声道："我背着它走了几千里地，你就不能背着走几步吗？"彭泽被骂得哑口无言，抬不起头来，只得背着行李把父亲请进府衙。

彭泽父亲进屋后，既不喝茶，也不落座，反而命令彭泽跪在堂下，府中官吏们纷纷上前为知府大人求情，全不济事，彭泽只得跪在父亲面前，却还不知为了何事。彭泽的父亲责骂彭泽："你本是清贫人家子孙，如今做了几天官，就把祖宗家风全忘了，皇上任命你当知府，你不想着怎样使百姓安居乐业，却跟贪官学，把公家财物往自己家搬，长此下去岂不成了祸害百姓的贪官？"彭泽此时方知父亲盛怒是为了何事，却不敢辩解，府中衙吏替他辩白说东西乃是大人用自己俸银所买，并非官家钱物。彭泽的父亲却说："开始时用自己的俸银，俸银不足便会动用官银，现在不过是几十个漆盒，以后就会是几十车金银。向来贪官和盗贼一样，都是从小开始，况且府中官吏是朝廷中人，并不是你家奴仆，你却派人家跋涉几千里为自己女儿送嫁妆，这也符合道理吗？"彭泽叩头服罪，满府官吏也苦苦求情，彭泽父亲却依然怒气不

第八章　廉之价值标准：廉洁之风，中华美德的源泉

解，用来时手拄的拐杖又痛打彭泽一顿，然后拾起地上还未解开的行李，径自出府，又步行几千里回老家去了。

彭泽受此痛责，不但廉洁自守，不收贿赂，而且不再挂心家里的事，一心扑在府中政务上，当年朝廷审核官员业绩，以徽州府的政绩最高。

彭泽受此庭训，可称得上当头棒喝，他以后为官一生，历任川陕总督、左都御史、提督三边军务、兵部尚书等要职，都是掌握巨额军费，不要说有心贪污，即便按照常例，也会积累一笔十代八代享用不尽的财富。彭泽为将勇，为官廉，死后家无余财，只有破屋几间，妻子儿女的衣食不能自给。

为官廉重在修身。修身，就是指个人对自己的思想意识和道德品质进行主动的、自觉的锻炼和修正，按照社会道德标准的要求，不断地消除、克制自己内心的各种非道德欲望，努力将自己的品德修养提高到一个尽善尽美的境界。而为官廉正是把自身的修为升华到为官之道，造福自己，更造福百姓。

一钱太守刘宠

东汉时人刘宠，字祖荣，东莱郡牟平县人。父亲刘丕学问博大，被当时人称为"通儒"。刘宠从小就跟随父亲学习儒家典籍，最初因为精通经学而被举荐为孝廉，担任东平陵县令。刘宠仁爱宽厚，为政宽厚，因此得到当地百姓的爱戴。因为母亲身染疾病，所以刘宠弃官回家照顾母亲。百姓知道刘宠要离开，就前来相送，因为送行人数众多，道路因此被堵塞，车子无法前进，刘宠只好穿着便服悄悄地离开。

后来，他4次升迁担任豫章太守，又3次升迁担任会稽太守。山里的老百姓朴实拘谨，有的竟然到老都没有进过集市城镇。从前，他们往往被官吏欺诈。刘宠担任郡守之后，废除了许多烦琐苛刻的规章制度，并严令禁止部属以非法行为去扰烦百姓。

不久之后，郡中风气得到很大的改善。因为政绩卓著，刘宠被征召为将作大匠。在离任之时，山阴县有五六个须发皆白的老翁，从若邪山谷间出来，每人准备了100钱送给刘宠，以表达对这位父母官的谢意。刘宠安慰他们说："各位长者何苦要这么做呢？"

老翁们回答说："山谷里无知识的人，以前从来没有见过郡守。别的太守在任时，经常派遣官吏到山谷民间搜求财物，白天黑夜不断，有时狗通宵狂吠不止，百姓不得安宁。自从您到任以来，夜里听不见狗叫声，百姓也看不到官吏来扰乱民间。我们活到这把年纪，难得碰到这样的太平盛世，现在听说您要离我们而去，因此乡民们委托我们前来送别，并送上这些钱，以表示我们的心意。"

刘宠说："我的政绩哪里像您几位长者所说的那样好呢？你们辛苦了啊！"

刘宠一向清廉自守，本不愿收下这些钱，但是又不忍辜负了乡民们的一片心意，于是从每人手中挑了一枚钱。

告别老翁，待出了山阴县界，刘宠把钱投到了江里。后人传说，这段江水自从刘宠投钱后，变得更加清澈。于是把这一段江取名为"钱清江"，并在岸边盖了一座"一钱亭"，还在绍兴盖了"一钱太守刘宠庙"，以此来纪念这位清廉仁厚的太守，而"一钱太守"的美名也自此传开。

刘宠前后多次担任郡太守，多次任卿相等要官，但清廉朴素，除去日常用度，家里没有余财。他曾经自京师外出，想在亭舍休息，亭吏阻止他说："我们整顿屋舍，打扫干净，专门等待刘大人到来，您不能在这里休息。"刘宠没有说话就离开了，当时人称他为仁厚的长者。刘宠后来因老病卒于家中。

"但得官清吏不横，便是村中歌舞时"，对于某一地来说，最好的环境莫过于地方长官清廉。廉洁才能让官员一心一意地在职位上努力创佳绩，为百姓服务，为国家服务；修身则是一个人安身立命之本，是廉洁的前提。修身就好像面对诱惑时的盾牌，把一切不符合道德的行为排除在外。

第八章　廉之价值标准：廉洁之风，中华美德的源泉

子文逃富

斗子文，斗氏，名谷於菟，字子文，是春秋时期楚国有名的令尹（相当于宰相）。

斗子文位高权重，但是为官清正，从不徇私枉法。斗子文的堂弟仗着堂哥一人之下、万人之上，行事肆无忌惮。一次，他在街市上与人纠缠不清，之后被官吏抓入衙门。原因是他不但买东西不给钱，还恃强凌弱，将卖主打翻在地。在衙门里，其态度仍然是嚣张蛮横，告诉负责案件的廷理，说自己是令尹斗子文的堂弟。廷理听后，为了巴结斗子文，便将其释放。然后去斗子文家述功，岂料被斗子文痛斥一番，并命令他重新抓捕被他释放的人。尽管堂弟的母亲一直跟着苦苦哀求，但是斗子文仍然不为所动，要求一切依法办事。

楚成王听到这件事情之后，连鞋也顾不上穿，光着脚便去了斗子文家。楚成王见到斗子文，和颜悦色地说道："我找了个徇私枉法的人当廷理，惹你生气了，因此特地前来向你道歉。"楚成王回到朝廷后，立即下令罢免了那个廷理，并任命斗子文兼任廷理之职。

斗子文为了使国家强大，从不计较私利。他曾向楚成王建议道："自古以来，国家产生祸乱，都是君弱臣强的缘故。为了防止这类事情在楚国出现，建议朝廷向百官征收一半田邑收入。"楚成王采纳了斗子文的建议，谕令百官执行，斗子文躬先示范，穿着布衣上朝。然后他又先要本家斗氏族执行，其他百官也就不敢不服从了。

斗子文上忠朝廷，下恤百姓，清廉节俭，不敢妄取一丝一毫。虽然身为令尹，但是家中积蓄竟然不能够维持一日的日常生活用度。楚成王听说斗子文几乎是上顿不接下顿，因此每逢朝见时就预备一束干肉，一筐干粮，用来送给子文。而这一行为，在以后很长一段时间内，成了国君对待令尹的常例。楚成王每次给斗子文增加俸禄，斗子文总是要逃避，直到楚成王停止给他增加俸禄，他才返回朝廷任职。有人

对此感到奇怪，便问斗子文："人活着就是图个富贵，你却对它避而远之，这是为什么呢？"斗子文回答说："从政当官之人，应当以庇护百姓为职责，百姓的财物空了，我却得到了富贵，这是使百姓劳苦来增加我自己的财富，那么我离死亡也就不远了。我所做的行为并不是在逃避富贵，而是在逃避死亡。"

楚国在斗子文的辅佐下，不仅财力日渐增强，而且军事实力在斗子文选贤任能的精心治理下日渐强盛。斗子文担任令尹40年，使楚国得到大治，为后人所推崇。

官做到一人之下，万人之上，权倾朝野，拿他应得的俸禄，谁都不会有意见。斗子文却能够心里装着百姓，心甘情愿地捐出自己的俸禄，与人民同甘共苦，这种精神天下可表。

贪吝可鄙的王戎

王戎，字濬冲，琅琊临沂人（今山东临沂北），出身魏晋高门琅琊王氏，祖父王雄是曹魏一朝的幽州刺史，父亲王浑是西晋凉州刺史。

王戎自幼聪颖异常，身材短小而风姿秀彻，据说能直视太阳而不目眩。六七岁的时候，王戎曾经在宣武场看戏，勇士和拔去爪牙的老虎在围栏中搏斗，老虎吼声震地，众人都胆战而逃，王戎却站立不动，神色自若。曾经和同伴在路边玩耍，看见路边有一棵结满李子的李树，其他伙伴都竞相去摘李子，只有王戎不去。有人便问王戎为什么不和其他伙伴一样去摘李子，王戎回答说："路边无主的李树，上面还剩那么多李子，这李子一定非常苦涩。"听了王戎的回答后，那人摘下一个李子试吃一下，果然如王戎所说，李子非常苦涩。

王戎有人伦鉴识，有贤士之风，但是为人贪吝好利，被世人讥笑。在《世说新语》一书中，有一篇记载俭啬一篇，共有9条，其中王戎就独占4条。

王戎官至司徒，位列三公。王戎大量经营田园水碓，聚敛无度，

第八章　廉之价值标准：廉洁之风，中华美德的源泉

其所经营的田园遍及天下。大量囤积粮食并聚敛财物，日夜乐此不疲，经常与自己的夫人拿着象牙筹计算财产，永远不知道满足。尽管如此富甲天下，但是为人十分吝啬，到了令人鄙夷的地步。

王戎的女儿出嫁给裴颁，出嫁时向王戎借资数万钱，以作陪嫁之用，一段时间内没有归还，等回家省亲时，看见王戎的神色不悦，当即明白是怎么一回事，便立即将钱还给王戎，王戎这才高兴起来。王戎的侄子成婚之时，王戎只送了一件单衣，完婚后又要了回来。王戎家里有一棵李树，结出的果实优良，经常拿出去卖，但又恐怕别人得到这优良品种，于是在卖出果实之前，先将李子的核钻破。王戎由此获讥于世，时人称其有"膏肓之疾"。

"私"和"贪"都能够为自己带来利益，因此有些人趋之若鹜也就不难理解了，但君子爱财，取之有道，我们不仅要看到财，还应该明白自己的"财"从哪里来，应该怎么来。不然，一旦陷入"私"或"贪"的旋涡，则可能会走火入魔，会贻误自身。

刚正不阿的海青天

海瑞是明代著名清官，一生居官清廉，刚正不阿。在为官期间，海瑞大力推行清丈、平赋税，并屡平冤假错案，打击贪官污吏，因此深得百姓的尊敬，被称为"海青天"。

海瑞在担任淳安知县期间，生活作风并没有因为升官而变得奢华起来，而是依然像以前做书生时一样，穿布袍、吃粗粮糙米，让老仆人种菜自给。

有一次，总督胡宗宪听人说，海瑞家一直吃素菜，只有在母亲过生日的时候才买两斤肉。胡宗宪知道海瑞的生活状况以后，十分诧异，就让自己的儿子带了一包银两给海瑞送去。胡宗宪的儿子从小就过着很奢华的日子，所以无论走到哪里都保持着公子哥的派头。他来到海瑞家门前，几个用人忙上前敲门。海瑞出来以后，看到来人如此兴师

· 125 ·

动众，就问是何许人。用人赶紧呈上一包东西，告诉他是胡宗宪的儿子来给他送银两了。

海瑞听了，故意装作很怀疑的样子说："过去胡总督按察巡部，命令所路过的地方不要供应太铺张。现在这个人行装丰盛，一定不是胡公的儿子。"他想也没想，就命人收入到县库中，并派人乘马报告胡宗宪，银子已经放入了库中。

嘉靖末期，海瑞任户部主事。嘉靖皇帝宠信方士陶仲文等人，一心祈求长生不死之术，朝政因此荒废，而总督、巡抚等封疆大吏一心讨好皇帝，费尽心思向朝廷贡献有祥瑞征兆的物品。为了阻止这种颓靡的景象，大臣杨最、杨爵率先上书劝谏，但都因此得罪，自此再无朝官言及此事。嘉靖四十五年（1566年）二月，无所畏惧的海瑞独自上疏，历数嘉靖皇帝所犯下的重大错误。

嘉靖皇帝读了海瑞的上疏，怒不可遏，将奏折扔在地上，对左右说："给我把海瑞抓起来，不要让他跑了。"宦官黄锦在旁边说："这个人向来有傻名。听说他上疏之前，知道自己是以死冒犯陛下，因此预先买好了一口棺材，并遣散仆童，将妻儿托付给他人。现在海瑞正在朝廷听候治罪，他是不会逃跑的。"嘉靖皇帝听后默然不语。过了一会儿，嘉靖又将海瑞的奏折读了起来，一天里反复读了多次，并叹道："此人可以和比干相比，但朕不是商纣王。"

海瑞去世时，因为他没有子嗣，所以南京都察院佥都御史王用汲去操办海瑞后事。王用汲来到海瑞的家里，看见海瑞家只有用粗布制成的帏帐和破烂的竹器，即便是一些贫寒的文人也不愿使用这些东西，不禁哭了起来，之后凑钱为海瑞办理丧事。

海瑞的死讯传出，南京的百姓因此罢市，百姓如失亲人，悲痛万分。当他的灵柩从南京水路运回故乡时，长江两岸站满了穿着孝服送行的人，祭奠哭拜的人百里不绝，很多百姓甚至制作他的遗像，供在家里。

做人要正直，为人处世，最重要、最根本的，就是要正直。海瑞的刚正，博得了老百姓的爱戴，并因此赢得了"海青天"的美誉。海瑞的恪尽职守和全心全意为百姓着想、为国家尽忠的行为是值得所有人学习的。

第八章　廉之价值标准：廉洁之风，中华美德的源泉

天下清官第一

清朝名臣于成龙，素有大志，44岁接受清廷的委任，到遥远的边荒之地广西罗城担任县令。罗城地处偏远，天朝威严鞭长不及，因此罗城境内盗贼蜂起。于成龙到任时，罗城遍地荆棘，城中只有几户居民而已，堂堂县衙也不过3间破茅屋。于成龙只得寄居在关帝庙中，以荆棘做门，以土堆为案几。后来身边的随从或死或逃，于成龙万里一身，生死难料，夜晚睡觉时都要头枕着刀，并在墙边放置一杆枪，用以防备盗贼。于成龙殚精竭虑，肃清匪盗，数年之后，罗城大治。

于成龙在罗城生活异常清苦，每天只吃两顿甚至是一顿，性嗜酒的于成龙夜里用4钱沽酒一壶，却没有下酒菜，于是边饮酒边读唐诗，每至痛哭流涕，不知道喝下的是泪还是酒。有时候酒瘾作祟，经常接济穷苦百姓的于成龙无钱买酒，只好将清水倒入酒壶，喝着略带酒味的清水来解解酒瘾。

一年，于成龙的儿子从远在千里之外的山西来到罗城探望父亲，告知祖母病重，要父亲告假回乡探母。于成龙的儿子从家乡带来了一只腊鸭，给父亲下酒，时值中秋，父子二人没钱买菜，于是将那只腊鸭割下半只，草草过了中秋节。节后，于成龙请假获准，于是父子上路回家，但是盘缠不够，路上吃饭没钱买菜，于是又将另外半只腊鸭当菜。此事传回罗城，当地百姓深受感动，并称之为"半鸭知县"。

康熙六年（1667年），政绩卓著的于成龙被两广总督金光祖举荐为"卓异"，之后被擢升为四川合州（今四川合川市）知州。在离开罗城时，于成龙竟然连赴任的路费都没有。当地百姓齐来路上送别父母官，百姓呼号："现在您要走了，我们再无天日了。"追送数十里，然后才哭着回来，场景十分感人。

在合州任职的两年间，于成龙招民开垦荒地，政绩显著，于康熙八年（1669年）被擢升为湖广黄州府同知。在黄州的4年间，于成龙

政绩突出,再次被举为"卓异"。

之后,于成龙又升任湖广下江陆道道员。在此期间,各种条件都得到了提升,但是于成龙清苦节俭的作风不减当年。在灾荒岁月,于成龙以糠代粮,把节省下的口粮和俸禄全部用来救济灾民,他甚至把身边仅剩的一匹代步的骡子也卖了,将所得10余两银子,在一日之内施舍给了灾民。因之百姓在歌谣中唱道:"要得清廉分数足,唯学于公食糠粥。"

康熙十七年(1678年),于成龙升任福建按察使。离开湖北时,依然只有简单的一个行囊和两袖清风,赴任途中只以萝卜充饥。康熙十八年(1679年),于成龙第三次被举荐为"卓异",升任省布政使。福建巡抚吴光祚还专疏向朝廷举荐于成龙,称其为"闽省廉能第一"。此后,于成龙得到康熙帝破格招用。康熙十九年(1680年),康熙帝"特简"于成龙为畿辅直隶巡抚。第二年,康熙帝召见于成龙,当面褒赞他为"今时清官第一",并"制诗一章"表赐白银、御马以"嘉其廉能"。

两年之后,于成龙被擢升为总制两江总督。据载,当他出任两江总督的消息传出后,南京布价骤然上涨,南京全城百姓全部换上布衣,士大夫则减少奴仆,全城一改奢靡景象。

于成龙仕宦20余年,历任知县、知州、知府、道员、按察使、布政使、巡抚和总督,加兵部尚书、大学士等职。尽管他的官阶越做越大,但是他的生活作风越加清廉俭朴。在直隶做巡抚时,于成龙用屑糠杂米做粥,与奴仆同食;在江南做总督时,每日粗茶淡饭,只以青菜下饭,终年不知肉味,因此被江南百姓称为"于青菜"。总督衙门的官吏在于成龙的约束下,也难以吃到蔬菜,于是把衙门后槐树上的叶子采来生吃,槐树因此变秃。

于成龙天南地北为官20余年,只身天涯,从来不携带家眷。在老家的结发妻子,与之阔别20余年后才得以相见。于成龙清廉俭朴的节操为世人敬重,逝世后,其家中除了冷落的菜羹和破旧简单的衣物,此外一无所有。于成龙逝世后,南京城内的百姓,无论男女老少皆痛哭流涕,并为之罢市。每日手持香火去拜祭于成龙的百姓多达数万,贩夫走卒、和尚道士也为之伏地而哭。

康熙帝破例亲笔为于成龙撰写碑文,为了表彰其清苦廉洁的一生,赞之为"天下廉吏第一"。廉洁作为一种道德标准、价值取向,始终在社会中占据着主导地位,从古至今,但凡清廉的人都得到人们的尊敬。

第九章

公之价值标准：公之为言，公正无私也

> 《辞源》对于公正的解释是："不偏私，正直。"公正带有明显的"价值取向"，它所侧重的是社会的"基本价值取向"，并且强调这种价值取向的正当性。
>
> 《荀子·正论》曰："上公正则下易直矣。"《史记·伯夷列传》有云："或择地而蹈之，时然后出言，行不由径，非公正不发愤，而遇祸灾者，不可胜数也。"《朱子语类》语："只是好恶当理，便是公正。"这些名言都是形容公正这个美德。
>
> 公正不仅利于他人，更利于律己，只有自己行其正，方可公正于他人。

做个洁身自好的人

从前，鲁国的宰相公仪休非常喜欢鱼，赏鱼、食鱼、钓鱼、爱鱼成癖。

一天，府外有一人要求见宰相。从打扮上看，像是一个渔人，他手中拎着一个瓦罐，急步来到公仪休面前，伏身拜见。公仪休抬手命他免礼，看了看，不认识，便问他是谁。那人赶忙回答："小人子男，家处城外河边，以打鱼为业糊口度日。"公仪休又问："噢，那你找我所为何事，莫非有人欺你抢了你的鱼了？"子男赶紧说："不不不，大人，小人并不曾受人欺侮，只因小人昨夜出去打鱼，见河水上金光一闪，小人以为定是碰到了金鱼，便撒网下去，却捕到一条黑色的小鱼，这鱼说也奇怪，身体黑如墨染，连鱼鳞也是黑色，几乎难以辨出。而且黑得透亮，仿佛一块黑纱罩住了灯笼，黑得泛光。鱼眼也大得出奇，直出眶外。小人素闻大人喜爱赏鱼，便冒昧前来，将鱼献于大人，还望大人笑纳。"

公仪休听完，心中好奇，其夫人也觉得纳闷。子男将手中拎的瓦罐打开，果然见里面有一条小黑鱼，在罐中来回游动，碰得罐壁乒乓作响。公仪休看着这鱼，忍不住用手轻轻敲击罐底，那鱼便更加欢快地游跳起来。公仪休笑起来，口中连连说："有意思，有意思，的确很有趣。"公仪休的夫人也觉得别有情趣，子男见状将瓦罐向前一递，道："大人既然喜欢，就请大人笑纳吧，小人告辞。"公仪休却急声说："慢着，这鱼你拿回去，本大人虽说喜欢，但这是辛苦得来之物，我岂能平白无故收下。你拿回去。"子男一愣，赶紧跪下道："莫非是大人怪罪小人，嫌小人言过其实，这鱼不好吗？"

公仪休笑了，让子男起身，说："哈哈哈，你不必害怕，这鱼也确如你所说并不多见，我并无怪罪之意，只是这鱼我不能收。"子男惶惑不解，拎着鱼，愣在那里，公仪休夫人在旁边插了一句话："既是大人喜欢，倒不如我们买下，大人以为如何？"公仪休说好，当即命人取出

第九章　公之价值标准：公之为言，公正无私也

钱来，付给子男，将鱼买下。子男不肯收钱，公仪休故意将脸一绷，子男只得谢恩离去。

又有好多人给公仪休送鱼，却都被公仪休婉言拒绝了。公仪休身边的人很是纳闷，忍不住问："大人素来喜爱鱼，连做梦都为鱼担心，可为何别人送鱼大人一概不收呢？"公仪休一笑，道："正因为喜欢鱼，所以更不能接受别人的馈赠，我现在身居宰相之位，拿了人家的东西就要受人牵制，万一因此触犯刑律，必将难逃丢官之厄运，甚至会有性命之忧。我喜欢鱼现在还有钱去买，若因此失去官位，纵是爱鱼如命怕也不会有人送鱼，也更不会有钱去买了。所以，虽然我拒绝了，但没有免官丢命之虞，又可以自由购买我喜欢的鱼。这不比那样更好吗？"众人不禁暗暗敬佩。

公仪休身为鲁国宰相，喜欢鱼，却能保持清醒，头脑冷静，不肯轻易接受别人的馈赠，这实在很难得。

洁身自好，不但能够为你年轻的生命带来安稳的生活，让自己在人生的旅途中处处顺心，在紧要关头化险为夷，而且能培养高尚的品质。

人人需要自制意识

春秋战国时期的宓子贱是孔子的弟子，鲁国人。

有一次，齐国进攻鲁国，战火迅速向鲁国单父地区推进，而此时宓子贱正在单父。当时正值麦收季节，大片的麦子已经成熟了，不久就能够收割入库了，可是齐军一来，这眼看到手的粮食就会让齐国抢走。

当地一些人向宓子贱提出建议，说："麦子马上就要熟了，应该赶在齐国军队到来之前，让咱们这里的老百姓去抢收，不管是谁种的，谁抢收了就归谁所有，肥水不流外人田。"

其他人也认为："是啊，这样把粮食打下来，可以增加我们鲁国的

粮食。而齐国的军队没有粮食，自然坚持不了多久。"尽管乡中父老再三请求，宓子贱坚决不同意这种做法。过了一些日子，齐军一来，真的把单父地区的小麦一抢而空。

为了这件事，许多人埋怨宓子贱，鲁国的大贵族季孙氏也非常愤怒，派使臣向宓子贱兴师问罪。宓子贱说："今年没有麦子，明年我们可以再种。如果官府这次发布告令，让人们去抢收麦子，那些不种麦子的人则可能不劳而获，得到不少好处。单父的百姓也许能抢回来一些麦子，但是那些不劳而获的人以后便会年年期盼敌国的入侵，民风也会变得越来越坏。其实单父一年的小麦产量，对于鲁国强弱的影响微乎其微，鲁国不会因得到单父的麦子就强大起来，也不会因失去单父这一年的小麦而衰弱下去。但是如果让单父的老百姓，以至于鲁国的老百姓都存了这种借敌国入侵能获得意外财物的心理，这才是危害我们鲁国的大敌。这种侥幸获利的心理，才是我们鲁国人的大损失啊！"

损失粮食是有形的、有限的，而让民众存有侥幸得财得利的心理才是无形的、长久的损失。得与失应该如何取舍，宓子贱用自己的冷静为人们作出了榜样。我们必须明白，越是关键的时刻，才越彰显一个人的自制意识是否成熟。

晏子严于律己

春秋战国时期的晏子，是一位非常有抱负、有才干的政治家，很想为振兴齐国干一番大事业。齐景公特别欣赏晏子的才能，便命他去治理东阿，这是晏子首次担任地方大员，他非常高兴，准备到那里好好干，以求大展宏图。可是，3年之后，向齐景公告状的人越来越多，景公非常恼怒，便将晏子召回来，准备罢免他的官职。

晏子深知自己的处境，为了能保住官职，以继续施展抱负，晏子非常谦恭地说："臣已知错，请大王再给臣3年的时间。3年后，人们必然会说臣的好话了。"

第九章　公之价值标准：公之为言，公正无私也

景公见晏子态度诚恳，又有心悔改，就答应了他的请求。又过了3年，景公果然听到不少称颂晏子的话，他大为高兴，于是召晏子入朝，要予以封赏。晏子却诚惶诚恐地不肯接受封赏。

齐景公觉得很奇怪，就问晏子到底为什么。晏子回答说："第一次我去东阿，为百姓修路筑堤，坏人责怪我吃里爬外；权贵犯法，我也严加惩治，毫不宽恕，于是权贵们嫉恨我；周围的人如果有超出法度的要求，我就拒绝他们，于是周围的人责骂我；我主张节俭勤劳，尊老爱幼，惩治偷盗无赖，于是无赖怨恨我。这些对我的恶语中伤四处传扬，甚至有人在背后告我的黑状。这就是前3年君主恼怒我的原因所在。这一次，我采取了韬光养晦、无为而为的做法。我不让人修路，故意拖延实施一些有利于民的措施，坏人为此开心了；权贵们犯法，我不依法惩治而予以偏袒，权贵们也为此无怨了；周围的人无论有什么请求，不管合理与否，我都是有求必应，周围的人为此满意了。我轻视节俭勤劳、尊老爱幼，还释放鸡鸣狗盗之徒，无赖们为此高兴了；于是，这些人又都到处颂扬我，您也信以为真了。3年前，国君要处罚我，其实我该受赏；现在国君要封赏我，其实我该受罚。大王，这些就是我不能接受封赏的原因。"

齐景公听后，恍然大悟，深感晏子是一位有德有才的治世良臣，就拜晏子为相，交给他治理全国的重任。后来，齐国实力大增，成为争霸天下的强国之一，实为"晏子之功也"。

正直意味着具有道德感并且遵从自己的良知。一个正直的人考虑别人多过于考虑自己，他不会因为一些私利而违背自己的良知。这种人对真理的推崇正是建立在对品格的坚守上。

魏徵仗义执言

魏徵，字玄成。汉族，唐巨鹿人，唐朝政治家。曾任谏议大夫、左光禄大夫，封郑国公，以直谏敢言著称，是中国史上最负盛名的

谏臣。

有一年，唐太宗派人征兵。宰相封德彝建议：把16岁到22岁的人全部征来当兵。魏徵觉得这样做很是不妥，他严肃地对唐太宗说："若是把16岁到22岁的人全部征来当兵，那他们的地谁种？国家又从哪里征收租、赋、调和徭役呢？"唐太宗听了，恍然大悟："你说得对。"于是他没有采纳封德彝的意见。

唐太宗曾经问魏徵说："历史上的君王，为什么有的人明智，有的人昏庸？"

魏徵说："多听各方面的不同意见，就会明智；而如果只听一方面的意见，肯定就会昏庸。"他还举了历史上尧、舜和秦二世、隋炀帝等人的例子，说："治理天下的君王如果能够采纳下面的意见，那么下情就能上达，他的亲信要想蒙蔽也蒙蔽不了。"唐太宗听了连连点头。

有胆量的人是不惊慌的人，有正义的人是考虑到危险而不退缩的人。在危险中仍能保持正义的人是勇敢的，因为他站在了"理"的立场上，相信自己的出发点是好的，总可以打动对方内心去改变一些事情。魏徵就是一个这样的人。

有一次，唐太宗听信谗言，批评魏徵包庇自己的亲戚。经魏徵辩解，唐太宗知道是自己错怪了他。魏徵乘机进言道："我希望陛下让我成为一个良臣，不要让我做一个忠臣。"

唐太宗惊讶地问："难道良臣和忠臣有区别吗？"

魏徵说："有很大区别。良臣拥有美名，君主也得到好名声，子孙相传，千古流芳；忠臣因得罪君王而被杀，君王得到的是一个昏庸的恶名，国破家亡，而忠臣得到的只是一个空名。"唐太宗听后十分感动。

魏徵进谏，不管唐太宗是否乐意，往往触怒龙颜。就是当唐太宗雷霆震怒时，他仍能神色镇定，从容陈词。

有一次上朝的时候，魏徵跟唐太宗争得面红耳赤。唐太宗憋了一肚子气回到内宫，见了长孙皇后，抱怨道："总有一天，朕要杀死那个乡巴佬！"

长孙皇后很少见唐太宗发那么大的火，便问道："陛下想杀哪一个？"

第九章 公之价值标准：公之为言，公正无私也

唐太宗说："还不是那个魏徵！他总是当着大家的面侮辱朕！"

长孙皇后听了，回到自己的内室，换了一套朝见的礼服，向太宗下拜。唐太宗不知何意，便问她这是干什么。长孙皇后说："臣妾听说有英明的天子才有正直的大臣，现在魏徵这样正直，正说明陛下的英明，我怎么能不向陛下祝贺呢！"长孙皇后的一番话令唐太宗的怒火平息了下去。

正是在魏徵的辅佐和劝谏下，唐太宗避免了一些劳民伤财之举，并且取得了贞观之治的大好局面。

643年，魏徵去世后，太宗十分怀念他，对左右大臣说："以铜为镜，可以正衣冠；以古为镜，可以知兴替；以人为镜，可以明得失。魏徵去世，朕失去了一面好镜子啊！"

有人说过，做有益的事、说有胆量的话、期望美好的事，这对于人的一生足矣。见到错误的东西不敢管、不愿管，"事不关己，高高挂起"，这并不是宽宏大量，而是胆小怕事。对于坏人坏事，一味退让、姑息养奸是不行的，必须坚决与之斗争。即使有时必须为此付出昂贵的代价，也要毫不动摇地坚持原则，宁可丢掉个人利益，也不能丢掉一身正气。

正直的苏东坡

苏东坡是我国古代伟大的诗人和文学家，有很多千古流传的佳作，他正直的人格和他的诗词一样熠熠生辉。

他进入官场的时候，王安石正准备实行变法，并且受到皇帝的支持。苏东坡虽然认为国家应该实行变法，但同时对其中的一些政策提出了异议，认为不够现实，实施起来会很困难，因此被新党人士视为敌对的人。他们刚开始时想拉拢他，失败后想方设法把他贬到了地方上。

后来，王安石改革失败，朝廷中原来反对变法的人重新掌权，他

们希望苏东坡能和他们一起去攻击王安石，但是苏东坡又为王安石说话，认为变法有可取之处，而且认为王安石毕竟是有作为的人才，所以没有落井下石，于是又被旧党视为异类，一贬再贬，最后甚至流落到了荒远的海南岛。

为了打倒苏东坡，政敌们还多次歪曲他的诗文，说他藐视朝廷、攻击皇帝，但是苏东坡没有因此而妥协。他也曾经为这些莫须有的罪名而烦恼，却始终没有放弃自己的立场，宁可主动提出调到外地。他的正直，赢得了后人的尊敬。

对自己负责。如果你能通过自己良心的考验，就请坚持下去。有人说过，正直的人都是抗震的，他们似乎有一种内在的平静，使他们能够经受住挫折，甚至是不公平的待遇。正直意味着有勇气坚持自己的信念。这一点包括有能力去坚持你认为正确的东西，在需要的时候义无反顾，并能公开反对你确认是错误的东西。

良相房玄龄

房玄龄刚开始在隋朝做官，当过县尉，因为触犯法律，被除籍流放到上郡，并在渭北遇到了李世民，两人一见如故。李世民被封为秦王的10年里，房玄龄一直随身相伴，并且参加了玄武门之变。

贞观元年，唐太宗为了加强中央集团的官僚统治机构，把隋朝的制度加以改革，提出"量才授职，务省官员""官在得人，不在员多"的主张。房玄龄领受旨意，精简机构，荐贤能，把唐朝中央各官府的文武官员从2000人减为643人，并在全国合并州县，以山河形势，把全国划分为10道，派遣得力官员分巡各道，执掌政务，并定期对各级官员进行考查，赏罚十分严明。元朝人注解《贞观政要》的时候，称"贞观之善政，当以省官为首"。而省官之实施，功在房玄龄，因为他倾力实践了省官这一关系到唐王朝"长治久安"的第一要政，使唐朝很快出现了"中国既安，四夷自服"的局面。

第九章　公之价值标准：公之为言，公正无私也

李世民登基之后，房玄龄一直身居要职。他在任宰相15年时，萌生退意，但是太宗非常器重他，不但不答应他隐退，反而加官升爵为司空，总理朝政，负责编修国家史料。不怎么作诗赞扬臣子的唐太宗曾3次写诗称赞房玄龄——《威凤赋》《赐房玄龄》《赋秋日悬清光赐房玄龄》。

贞观二十二年，司空房玄龄病情加重，卧床不起，但是唐太宗决定要再次讨伐高丽。病床上的房玄龄闻知此事后，对儿子说："现在天下和平安定，百姓安居乐业，只是皇上想再次讨伐高丽，这是国家的大害。皇上愤怒时作出了这一决定，臣子没有一个敢冒犯威严进谏劝阻。我知道它的害处而不说出来，就会含恨而死。"于是上奏章劝谏。太宗见到奏表，赞叹说："这个人病危到这种地步，还在忧国忧民。"房玄龄就是这样一个为了李唐王朝尽心竭力的大臣。

玄龄公去世后，配享太宗庙廷。唐著名书法家褚遂良，为玄龄公墓刻碑。其中最为知名的一句话是："道光守器长琴振音，方嗣虞风仙管流声。"唐代文学家皮日休更是写下诗句："苟得同其时，愿为执鞭竖。"

正直的人追求真理，忠实于真理。在英语中，"正直"一词的基本词义指的是完整。在数学中，整数的概念表示一个数不能被分开。同样，一个正直的人也不能把自己分成两半，他不会心口不一，想一套，说一套。在做人道路上，正直是必备的一个条件，因为他们的心灵无限地接近于真实。

君主更要有"公"精神

贞观六年（632年），有些臣僚以为如今功成业就，天下太平，应该率领百官封告泰山。李世民先是反对，在大臣的反复要求下，他也心动起来，但最后由于魏徵的坚决反对，就没有去封禅。

李世民非常重视人才的选拔。他选拔人才的总原则是："拔人物则

不私于党，负志业则咸尽其才。"主要有以下几个方面：不计较人才来源于何种政治集团。不计较恩怨亲疏。不计较出身和经历。善于用人之长，不求全责备。注意官员品德，防止佞臣得逞。

李世民不仅注意选拔人才，又是一个善于纳谏的君主，也能随时用隋亡的教训来提醒自己。他对大臣们说，国君事有不当，务必畅所欲言。

在他身边最著名的谏臣是魏徵。"居安思危""善始克终"是魏徵要求李世民时刻不忘的座右铭。凡是未能居安思危、影响善始克终的言行，魏徵总是尽力谏止。

法律是一切规章制度和行为规范的保障。这就是唐太宗所谓"国家纲纪，唯赏与罚"。谁执行制度，遵循礼教，卓有成效，就按法赏赐；谁违反制度、超越礼教，就据法制裁。

李世民即位后，根据武德时期的法律，删繁就简，将刑罚变重为轻，重新整理成新律。到其子李治统治时代，又加以详尽解释，就是流传到今天的《唐律疏义》。这是流传至今我国最古老、最完整的一部法典，是此后两朝制定法律的蓝本。李世民开创了后代所谓"九卿议罪"的先例。

唐太宗认为，天下一切事务都由他一人独断，会经常出现错误。因此，他规定，凡天下大政方针，必须"百官商量，宰相筹划，于事稳便，方可奏行"。他"恐人不言"，常常"导之使谏"。故在贞观年间，统治集团内出现了一种浓厚的"民主"气氛和许多敢于直言极谏、专折廷争之臣。魏徵、房玄龄就是其中的典型代表。

"民主"气氛形成的基础是善于用人、识人。唐太宗用人的标准是德行、学识为本。在唐太宗的眼中，要天下者，在于得贤才而用之。

为此，他不断让大臣们为国家罗致人才，并给贵族官僚以种种优待，让他们享有"议、请、减、赎、当、免"及"议亲、议故、议贤、议能、议功、议贵、议勤、议宾"等多种法律特权。"其优礼臣下，可谓无微不至矣。"

但这些优待不是毫无限制，如果他们犯有"十恶"罪，危及国家的统治基础和秩序，也会依法追究责任。这即是说，唐太宗时代的"民主"，并不是毫无限制的"民主"，而是集中指导下的"民主"，

第九章　公之价值标准：公之为言，公正无私也

"民主"基础上的集中。正因为唐太宗能够牢牢地控制着"民主"，才使得唐统治集团中的"民主"机制得以正常运行。

唐太宗说："岂如广贤良，高居深视，法令严肃，谁敢为非？"

对待诤言、逆言，唐太宗一直保持重视的态度，他认为隋炀帝就败在独断上。但他又不是一个"耳根子软"的皇帝，"一怒则诸侯惧"的威仪还是一直存在的。由此可见，"民主"并不会损害权威，更不会否认领导者的地位，更多表现于"公"，而正是这个"公"才使天下太平。

由于李世民执行"赏不避仇敌，罚不庇亲戚"的原则，那些王公大臣、皇亲国戚，不得不收敛手脚，不敢过分欺压佃民。曾经在贞观六年皇帝的宴会上口骂国舅、拳打五爷的尉迟敬德，后来也关起大门，修饰楼台，弄些歌伎舞女，静享清福。

李世民的太平盛世与他的"公"是分不开的，无论是在用人上，还是国家大事上面，都体现了"民主"这一思想，他尊重百姓，体谅百姓，让百姓安居乐业，这也是他被后人推崇的原因。

戴胄秉公处理

戴胄是唐初大臣。字玄胤，谥号忠，相州安阳人。隋末入仕，归唐为秦王府曹参军，太宗立擢大理少卿，数犯颜执法，帝益重之，历迁尚书左丞、民部尚书、以检校吏部尚书主选事。他为人正直，公正，是唐太宗的一位良臣。

一次，唐太宗李世民的大舅子、长孙皇后之兄长孙无忌带刀进入皇宫，在宫门口站岗的监门校尉未发现。按照唐律，长孙无忌和监门校尉都违犯了法律，可是，当朝宰相封德说，无忌是一时疏忽，不能算犯法，校尉麻痹大意，应该杀头。

唐太宗居然点头同意这么办，这时，戴胄挺身而出，明确表示：这样量刑不公平。

他说，无忌带刀入宫，校尉没有发现，两方面都是由于一时疏忽，如果量刑，应一视同仁，怎么能重此轻彼呢？戴胄说得理直气壮，有根有据，唐太宗只好答应重新商议。

再次商议时，封德仍是力主原判，戴胄便据理辩驳，寸步不让。指出：无忌和校尉，论其过误，情况相同，而校尉是由无忌带刀入宫的缘故而致罪的，"于法当轻"。现在，轻罪反而重判，重罪反而轻判，"生死顿殊"，很不合理。

坚决要求据法重新判决。唐太宗觉得戴胄说得有理，终于接受了他的意见，把无忌和校尉都免罪了。

这里的几个人物，长孙无忌是"国舅"，又是有卓著功劳的开国元勋；封德是当朝宰相，大权在握，更有皇帝偏袒；监门校尉则不过是在宫门口站岗放哨的小官；戴胄自己也不过相当于今天的最高法院院长。

可是他坚持秉公处理，坚持公平断案，这是很不容易的。然而，唯公平合理，才能得到李世民的首肯，除了戴胄，像包拯、海瑞这些历史上有名的"清官"也都是办过一些公平事的，人们口碑流传，同样说明了公平之可贵。

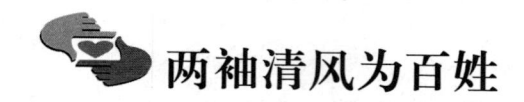

两袖清风为百姓

有一年，文天祥由湖南提刑调任赣州知州，路过家乡，因为很长时间没回家，他便打算趁此机会回去看望一下亲人。以前一位熟识的酒馆老板胡大伯听说后，也早早准备好美酒佳肴迎接。

文天祥回到家，果真被邀请到酒馆喝酒，席间，就和老板攀谈起来。他问："胡大伯，这几年生活可好？"胡老板说："唉，连年天灾，税赋又重，百姓穷苦啊。"文天祥说："从小屡受大伯恩待，无以报答，心中不安。为官多年，只求淡泊度日，没什么积蓄。这次调任归乡，收拾了些东西，你随意去挑选一担吧。"

第九章 公之价值标准：公之为言，公正无私也

胡老板挑选了一担较轻的，解开包装布一看，原来只是些蒲扇。文天祥说："临行时，不少人送礼告别，我没收，只买了些蒲扇，答谢家乡亲友。不怕您见笑，还请大伯原谅。"胡老板说："文大人两袖清风，实在难得。这担扇子是最好的礼物。"

于谦，字廷益，明朝名臣。他在没有调入京城前，一直担任地方官。他为官清廉，对下属的各级官员要求都十分严格，坚决禁止受贿、贪赃，他自己更是以身作则。

于谦一生清廉，从不收受礼物。即便在他60岁寿辰那天，有人送礼来，他也叮嘱管家一概不收。

皇上因为于谦忠心报国、战功卓著，也派人送去一只玉猫金座钟。谁知管家根据于谦的叮嘱把送礼的太监拒之门外。太监有点不高兴，就写了"劳苦功高德望重，日夜辛劳劲不松。今日皇上把礼送，拒礼门外情不通"4句话让管家给于谦送去。于谦见后，在下面添了4句："为国办事心应忠，做官最怕常贪功。辛劳本是分内事，拒礼为开廉洁风。"太监见于谦这样坚决，无话可说，便回去向皇上复命了。

不一会儿，于谦的同乡好友、一起做官的郑通也来送礼，于谦还是写4句话赠送："你我为官皆刚正，两袖清风为黎民。寿日清茶促膝叙，胜于厚礼染俗尘。"郑通十分敬佩，于是让家人把礼物带回去，自己进门与于谦叙谈友情。

正统年间，宦官王振专权，他作威作福，以权谋私，肆无忌惮地招财纳贿。每逢朝会，各地官僚为了讨好他，多献以珠宝白银。而于谦每次进京奏事，总是不带任何礼品。他的同僚劝他说："你虽然不献金宝、攀求权贵，也应该带一些著名的土特产如线香、蘑菇、手帕等物，送点人情啊！否则，人家会对你有看法，还会找你的麻烦的。"

于谦潇洒一笑，甩了甩他的两只袖子，风趣地说："只有清风！我当官是为国为民，不是为了某一个人。只要我为官清廉，认真做事，又何须担心他人？"

为此他曾作过一首《入京》诗以明志："绢帕蘑菇与线香，本资民用反为殃。清风两袖朝天去，免得闾阎话短长。"绢帕、蘑菇、线香都是他任职之地的特产。于谦在诗中说，这类东西本是供人民享用的，只因官吏征调搜刮，反而成了百姓的祸殃了。他在诗中表明了自己的

态度：我进京什么也不带，只有两袖清风朝见天子了。

"一身正气，两袖清风"，无疑是对于谦最好的评价了。这是一种潇洒，同时是一种气节。自古以来，官场都是个大染缸，能在里面洁身自好就已经难能可贵。在保证自身的廉洁之外，能够以一人之力，澄清官场这缸浑水，更是难上加难了。

正因为如此，于谦能够成为廉洁的典范，为世人所敬仰。我们需从现在开始以于谦为榜样，以崇尚美的心态去严格要求自己，做到"慎独"，将廉洁看作一种境界、一种修养、一种对自我的约束，将来即便不能青史留名，也要让自己问心无愧。

百姓的父母官包拯

包拯，汉族，宋庐州合肥人，字希仁。天圣朝进士。累迁监察御史，建议练兵选将、充实边备。包拯做官以断狱英明刚直而著称于世。知庐州时，执法不避亲党。

包拯赴任扬州天长知县时写诗自勉："清心为治本，直道是身谋。"他一生敢于犯颜直谏，不谋私利，执法如山，铁面无私，不畏权贵，为民除害，受到百姓的爱戴。

包拯办案铁面无私、刚正不阿，备受赞誉。话说开封城里有一条惠民河，河两岸的居民，既有平民，也有达官贵人。包拯任开封府尹的时候，天下大雨，河水泛滥，淹没了街道，许多平民无家可归。

经过调查，包拯知道河水泛滥是因为河塞不通，不能排水，而这都怪贵族们在河上筑起了堤坝，将坝内的水面据为己有，和住宅连成一片，简称水上花园。要为民造福，只有疏通惠民河，只有将这些堤坝挖掉。

贵族们能答应吗？包拯画了地图，拿出有关证据，下令将所有堤坝与花园拆毁。有人自恃权大位显，告到宋仁宗那里。包拯毫不畏惧，拿出证据证明他们是非法建造水上花园。宋仁宗也只好睁一只眼，闭

第九章 公之价值标准：公之为言，公正无私也

一只眼，不能为皇亲贵戚们说话。

这样，惠民河很快被疏通。包拯不畏权势，维护人民利益，为老百姓做了许多好事，成为历史上的名臣，人称"包青天"。

正直的人时刻都会坚守自己的原则，不管对方是谁，他们都能公正地对待，而不是像那些溜须拍马的人，一见了大人物就忘了自己的原则。在人格上平等才能在精神上对话，这是求真务实的人一贯尊崇的理念。

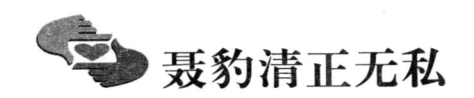

聂豹清正无私

聂豹，明代学者。字文蔚，号双江，江西吉安永丰人。正德12年考中进士，为平阳知府，官至兵部尚书。是明代有名的廉吏之一，名垂青史。

聂豹推崇王阳明的"致良知"学说，以阳明为师，但他认为良知不是现成的，要通过"动静无心，内外两忘"的涵养功夫才能达到。

他一生为官清正廉洁，体察民情，为民办事，深受民众拥戴。

华亭县是个灾害多发地区，百姓贫困，经济薄弱，地方官吏却贪得无厌。聂豹调任这里当知县，上任才几天，就有许多县吏乡胥推车扛包送来了厚礼，有的还在礼物中夹带数十上百两白银，聂豹心想，这都是拿百姓的钱啊！这些贪官太嚣张了。

然而，面对这些厚礼，收还是不收？聂豹眉头一皱：收！眼下要为民办事，手头正缺资金，如今送上门来了，何乐而不为呢！于是聂豹收下了这些贪官污吏的银两，而那些贪官污吏不明原因，心里还在想：这位新县令还厉害，这些钱送上去，自己又可以升官发财了，大家何乐而不为呢？然而，在这些贪官污吏中还有比较坏的，他们背地里恶人先告状，想把聂豹收钱的事告到京城，这样聂豹就在这个地方待不下去了，他们也可以拔除一个升官的绊脚石了。

哪知，状纸还没有送到京城，聂知县便把行贿名单和全部礼物公

布于众，连一尺布、一块手绢也不遗漏，这事一时轰动了整个华亭县。

贪官污吏这下子可傻眼了，不知道如何是好了，正所谓求天天无路、求地地无门了，果然，不出几天，这些行贿赂大小官员都革了职，礼物变卖，现金归库，不多不少折合白银1.2万两。

后来，还查出吏胥私吞税银1.8万两。聂知县把这笔收入全部用于兴修水利、建桥、修路等社会公益事业，这一壮举受到了当地百姓的支持，大家都喊道："我们终于有一个父母官了。"

聂知县在华亭县任职3年，疏通河港5万余丈，修复废渠2万余丈，为当地百姓解除了缺水之苦，使3000多户逃荒在外的华亭人重返故乡。

百姓对于聂知县的评价是：华亭人的父母官。

在权威的面前，应有勇气坚持自己的意见。坚持己见，不向权威低头，是一种原则，也是一种勇气。通常，能够坚持自己意见的人，都是有原则的人。而取得成就的，也多是那些有原则、坚持自己见解的人。聂知县是一个有原则且爱百姓的好官，所以才受到人们的爱戴。

第十章

和之价值标准：色要温雅，气要和平

> 儒家的创始人孔子在《论语·学而》中说道："礼之用，和为贵。先王之道，斯为美。小大由之，有所不行。知和而和，不以礼节之，亦不可行也。"
>
> 在团体中与人相处，知和而和，能"和"，才能和气、和平、和好、和悦、和顺、和祥、和谐、和衷共济、和气生财。

廉颇——赵国的勇士

廉颇是赵国的骄傲，也是赵国在军事上堪与秦国抗衡的精神支柱。秦王曾多次派兵进攻赵国。廉颇统领赵军屡败秦军，迫使秦于惠文王五十四年在中阳（今山西中阳县西）与赵相互讲和。

后来，赵国以联合韩、燕、魏、赵5国之师共同讨伐齐国，大败齐军。其中，廉颇于惠文王十六年带赵军伐齐，长驱深入齐境，威震诸侯，而赵国也随之跃居六国之首。秦国虎视赵国而不敢贸然进攻，正是慑于廉颇的威力。此后，廉颇率军征战，守必固，攻必取，几乎百战百胜，威震列国。

廉颇将军有勇有谋，在长平之战的初期，他根据敌强己弱、初战失利的形势，正确地采取了筑垒固守、疲惫敌军、相机攻敌的作战方针。赵军森严壁垒，秦军求战不得，无计可施，锐气渐失。不幸的是，在成败胜负即将一战而定的关键时刻，秦赵两国分别对前线的大将进行了调整，而这调整使战争胜利的天平迅速倾向秦国。

秦国由于久战不下，形势渐渐不利，于是秦相应侯范雎派人携千金向赵国权臣行贿，用离间计，让赵王相信，秦国最担心、最害怕的是用赵括替代廉颇。而这个赵括，是赵国名将赵奢的儿子，他只会夸夸其谈，纸上谈兵，并没有真正领兵打仗的本事。当初他父亲死时，就再三说，如果把赵国军队交到赵括手中，一定会使赵国覆灭。但不幸的是，赵王求胜心切，强行罢免廉颇职，用赵括为将。

结果，赵军大败。赵军降者有40万，白起认为："赵卒反复，非尽杀之，恐为乱。"结果把降卒全部坑杀。长平之战也使战国局势一战而定，从此赵国元气大伤，一蹶不振。长平之战后，六国之人听见白起的名字就胆怯，小孩都不敢夜哭。但在战场上纵横驰骋的白起在政治上处处受掣肘，白起在长平之战后因和秦昭襄王在是否再次攻赵的问题上发生分歧，被王陵取而代之。后来王陵攻邯郸失败，白起幸灾乐

第十章 和之价值标准：色要温雅，气要和平

祸："当初秦王不听我的计谋，现在如何？"而在秦王打算起用他时，他不给面子："我知道这次出征绝对没有胜算，但是能免罪；虽然不出征本身是无罪的，却要被刑罚……我宁愿受重刑而死，也不想成为无功之将。"秦王听后大怒，免去白起官职，降为士兵，迁居阴密（今甘肃灵台县西）。后又怕白起不服，于是昭王派使者拿了宝剑，令白起自裁。白起手持宝剑，仰天长叹："我何罪于天而至此哉？"然后伏剑自刎。一代名将就此谢幕。白起死非其罪，秦人很怜惜他，乡邑地方都祭祀他。

白起死了，廉颇却老当益壮。长平之战后，赵国重新起用廉颇，已经年老的他不畏疲苦，率领赵国士卒继续作战，于赵孝成王十五年破燕军，十六年围燕中都，二十一年取魏繁阳。

是否拥有气量，关键看3点：一是平等的待人态度，不自认为高人一等，保持一颗平常心，平视他人，尊重他人；二是宽阔的胸襟，胸怀坦荡，虚怀若谷，闻过则喜，有错就改；三是宽容的美德，能够仁厚待人，容人之过。由此，气量实际上反映了一个人的素养和品性。廉颇虽是武将，却是一个有气量的人，有担当的人，是值得我们学习的榜样。

战胜自己的感情

成吉思汗是一位伟大的国王和勇士。他带领军队进军中国与波斯，攻占了许多领土。很多国家的人都在讲述他的英勇战绩。人们说，自亚里山大大帝以来，还没有像他这样的帝王。

一天上午，打完仗回家后，成吉思汗骑马到林中打猎。在那个时代，人们训练鹰，是用来狩猎的。听到主人一声命令，它们就会立即飞向高空，四处寻找猎物，一旦发现一只野鹿或兔子，就会像离弦之箭向猎物俯冲而去。成吉思汗与同伴们整整一天都在树林中驰骋，但发现的猎物没有他们预想的那么多。

接近傍晚时，他们打算回家。天气很热，国王非常渴。他心爱的猎鹰已经从他的手腕上飞走。猎鹰一定能够找到回家的路。

国王沿路信马由缰。夏日炎炎，山涧的许多小溪已经干涸了。让他喜出望外的是，他终于在一块岩石底下发现了一丝细流。他知道远处一定有泉水。在湿润的季节，这里总有一股溪水在流淌，但现在只有水滴在渗出。

国王下马，从打猎用的袋子中取出一个很小的银杯。然后双手捧着杯子去接水。要把水杯接满，需要很长一段时间。国王渴得要命，简直再也等不下去了。水杯终于快接满了，他赶紧把杯子端到嘴边，正要喝，突然天空中传来一阵呼啸声，他手中的水杯被打落在地。杯中的水洒在地上。国王抬头，看是什么东西干的，却发现是自己心爱的猎鹰。

猎鹰围着国王飞了几圈，然后落到泉水旁的岩石丛中。国王捡起水杯，又去接水。

这次他再也等不了刚才那么长的时间了。刚接了半杯水，他就迫不及待地端到唇边。然而还没等他喝进口，那猎鹰又俯冲下来，将水杯从他的手中打落。国王开始生气了。他又试了一次，但那猎鹰还是没有让他成功。国王这次真的生气了。

"你怎么胆敢这样做？"他喊道，"如果我抓住你，一定要把你的脖子拧断。"然后，他又开始接水。但是这次在喝水之前，他抽出了腰间的宝剑。"嘿，猎鹰先生，"他说道，"这可是最后一次了。"

他还没有说完，那猎鹰就俯冲下来，把他的水杯打翻在地。然而国王也做好了准备，他手中的宝剑一挥，正好砍在那猎鹰的身上。可怜的猎鹰跌落在地，血如泉涌，不一会儿就死在了主人的脚下。

"这是你罪有应得。"成吉思汗说道。他转身开始找水杯，却发现水杯已经滚到两块石头之间，无法取出了。"不管怎样，我必须喝点泉水。"他自言自语道。

想到这里，他开始沿着陡峭的石壁向泉水的源头爬去。路很不好走，他越往上爬，越是感到干渴难忍。

最后他来到了目的地。那里确实有一个小水潭。但水潭中躺着一个什么东西，差不多把水潭都填满了。原来是一条带有剧毒的死蛇。国王停住脚步。他忘记了干渴，想起了死去的猎鹰。"原来是猎鹰救了我一命！"他大声喊道，"而我刚才那样回报它！它是我最好的朋友，我却把它杀死了。"

他爬下石壁，轻轻将猎鹰捡起，放到行李袋中。然后上马，疾驰

第十章 和之价值标准：色要温雅，气要和平

而归。他对自己说："今天我吸取了一条惨痛的教训，那就是，无论干什么，千万不要意气用事！"

当你的感情控制了理智时，你将成为感情的奴隶；只有战胜你自己的感情，你才能真正获得自由。

与吕僧珍为邻

南朝时期，有个叫吕僧珍的人，生性诚恳老实，又是饱学之士，待人忠实厚道，从不跟人家耍心眼。因此人缘极好。吕僧珍的家教极严，他对每一个晚辈都耐心教导，严格要求，注意监督，所以形成了优良的家风，家庭中的每一个成员都待人和气、品行端正。吕僧珍家的好名声远近闻名。

南康郡守季雅是个正直的人，他为官清正耿直、秉公执法，从来不愿屈服于达官贵人的威逼利诱。为此他得罪了很多人，一些大官僚都视他为眼中钉、肉中刺，总想除去这块心病。终于，季雅被革了职。

季雅被罢官以后，一家人只好从壮丽的大府第搬了出来。到哪里去住呢？季雅不愿随随便便地找个地方住下，他颇费了一番心思，离开住所，四处打听，看哪里的住所最符合他的心愿。

很快，他就从别人口中得知，吕僧珍家是一个君子之家，家风极好，不禁大喜。季雅来到吕家附近，发现吕家子弟个个温文尔雅、知书达理，果然名不虚传。说来也巧，吕家隔壁的人家要搬到别的地方去，打算把房子卖掉。季雅赶快去找这家要卖房子的主人，愿意出500金的高价买房，那家人很是满意，二话没说就答应了。

于是季雅将家眷接来，就在这里住下了。

吕僧珍过来拜访这家新邻居。两人寒暄一番，谈了一会儿话，吕僧珍问季雅："先生买这幢宅院，花了多少钱呢？"季雅据实回答，吕僧珍很吃惊："据我所知，这处宅院已不算新了，也不很大，怎么价钱如此之高呢？"季雅笑了，回答说："我这钱里面，100金是用来买宅院

的，400金是用来买您这位道德高尚、治家严谨的好邻居的啊!"

季雅宁肯出高得惊人的价钱，也要选一个好邻居，这是因为他知道好邻居会给他的家庭带来良好的影响。所谓"近朱者赤，近墨者黑"，环境对于一个人各方面的影响，是不容忽视的。

心理学家普遍认为，不管在你的现实生活中，还是想象中，那些与你经常在一起的人会对你的行为和心理产生极大的影响。因此，我们在与人交往的过程中要选择那些心态健康、积极向上的人做朋友，而不是根据自己的意愿和习惯随意选择。

与人交往，以和为贵

司马徽是汉朝末期的名士，他很善于发现和鉴别人才，因此人称"水镜先生"。他曾推荐过庞统给刘备。因避战乱，司马徽移家荆州。荆州当时是在刘表的统治下，洞达世事的司马徽看出刘表为人懦弱、不明事理，而且嫉妒贤能，在他手下一定不会有所发展，于是采取韬晦之计，佯愚装傻，不求功名利禄。

因为他很善于看人，所以当地常有人来找他品评人物，问他某人如何、某人比某人又如何，司马徽一概不加评论，嘴里只是一个劲地说："好，好。"他的妻子劝他说："人家有疑问才来问你。你应该给人家分辨清楚。你只是一味说'好'，这合乎人家来向你求教的用意吗?"司马徽回答说："像你所说的这话，也很好。"

有人错把司马徽家养的猪当成是自己家走失的，司马徽便把这猪送给了他。后来那人丢的猪又找到了，便很惭愧地来送还错认的猪，并叩头赔罪。司马徽反倒谦恭地向他道谢。

有时候邻居在蚕将要吐丝的时候向司马徽借蔟箔（养蚕的器具，用竹篾等编成），司马徽便将自己家蔟箔里养的蚕扔掉而将蔟箔借给邻居。

有人对司马徽说："凡是做有损自己而帮助别人的事，都是因为人

第十章　和之价值标准：色要温雅，气要和平

家事情紧急，自己的事不急。现在你和那人都面临蚕要吐丝做茧，缓急正相当，你为什么还要这样做呢？"

司马徽回答道："人家从来没有求过我。现在有所要求，我若不答应，人家会感到很难堪。哪能因为一点财物而使人家难堪呢？"

生活中难免与人有口舌之争，聪明的人会以和为贵，尽量避免争论，赢得别人的好感。敬人者，人皆敬之；爱人者，人皆爱之。只要以一种诚恳的态度对待朋友，你就能紧紧抓住朋友，让他们心甘情愿地为你提供帮助，让你走向成功。"和"不但是人生追求的目标，而且是整个社会追求的最高境界，建立和谐社会需要我们从一点一滴做起。

只有无争，才能无忧

与人无争，就能亲近于人；与物无争，就能抚育万物；与名无争，名就自动到来；与利无争，利就聚集而来。祸患的到来，全是争的结果。而无争，也就无灾祸了。

宋代的向敏中，在宋太宗时为名臣，在真宗时晋升为右仆射，居大任30年，没有一个不顺从他的人，而能做到这一点，正是他不争而避免了他人妒恨排挤之祸。

《宋史》记载：向敏中，天禧（真宗年号）初，任吏部尚书，为应天院奉安太祖圣容礼仪使，又晋升为左仆射，兼任门下侍郎。有一天，与翰林学士李宗谔相对入朝。真宗说："自从我即位以来，还没有任令过右仆射。现在任命向敏中为右仆射。"这是非常高的官位，很多人向他表示祝贺。徐贺说："今天听说您晋升为右仆射，士大夫们都欢慰庆贺。"又有人说："自从皇上即位，从来没有封过这么高的官，不是勋德隆重、功劳特殊，怎么能这样呢？"又有人历数前代为仆射的人，都是德高望重。面对这些称赞，向敏中始终不发一言。

第二天上朝，皇上说："向敏中是有大耐力的官员。"向敏中对待这样重大的任命而无所动心，大小的得失，都虚心接受。这就做到了

老子所说的"宠辱不惊",人们3次致意恭贺,他3次勉强应付,不发一言。正如《易经》中所说的"正固足以干事"。所以他居高官30年,人们没有一句怨言。他能这样从政处世,对于进退荣辱,都能心情平静地虚心接受。所以他理政府事、待人接物,也就能顺从大理,顺从人情,顺从国法,没有一处不适当的。人贵在以虚修养自己,以坦荡交游涉世。

宋时另一人物文潞公,一生也是以虚受坦游自守,在他辞官回归洛阳时,已是八十高龄了。神宗看他精神健旺,年力康强超过常人,问他是不是养生有道,他回答说:"没有其他的方法,我只不过能随意自适,不以外物伤和气,不敢做过头的事情而已。"这真可以作为名言。

老子曾说:"只有无争,才能无忧。"利人就会得人,利物就会得物,利天下就能得天下。从来没有听说过,独恃私利的人,能得大利的。所以善利万民的人,如同水滋润万物而与万物无争,不求所得。

和气方能平安

清朝初年,安徽桐城出了许多人才。有历任康熙、雍正、乾隆三朝的张廷玉大学士,还有他的父亲、康熙时的文华殿大学士张英。

张家非常和睦,从不争吵,人丁兴旺,备受朝廷器重。张家对邻里也非常友善,在当地有一个"六尺巷"的故事,说的就是他和邻居家和睦相处的事。

张英家的邻居姓叶,也是一位较大的官员。这一年叶家要翻造新房,在重新打院墙桩基时,把他们家的地基向张家这边移了3尺。

张英的夫人听家人说邻家强占她家地基,便去实地察看,邻家果真是向自己家移了3尺,张夫人很生气,就写了一封信,派人送到北京,向在朝中任大学士(相当于宰相)的丈夫张英报告此事,要丈夫出面解决。

张英见家里来人,一问是与邻居争地界的事。就写了一封回信,让家人带回交给夫人。夫人拆开信，只见是一首诗："千里修书只为墙，让他3尺又何妨；长城万里今犹在，不见当年秦始皇。"

张夫人看完大失所望。回信不但不想办法争回3尺地基，反而要让。心里难免生气，但后来一想，丈夫说的话有道理。自己丈夫的官比邻居大，如果要这3尺地基，难免被人家认为以势压人。再说，自家的院子也很大，少了3尺也无大碍。更重要的是邻里之间要和睦，常言道："远亲不如近邻。"就同意了丈夫的劝导，不再提这件事，把墙基后退了3尺。

以和为贵是治国者的方略，因为它蕴涵和平、太平、平安之意。治国者都希望国内太平，永无纷争；国家之间和平发展，没有战争。

林语堂认为"和平"是人类的一种卓越认识，中国人尤其热爱和平，不爱挑起战争，因为他们是理性的民族。受"和为贵"理念的浸润和熏陶，使得大多数中国人从小就养成一种"以和为贵"的人生理想。

我们常说："家和万事兴""和气生财""以和为贵"，可见，"和"字对人类生存之重要。和气的人际关系是一个人立足社会的根本，低调的人总是以和为重，从不感情用事，更不暴躁行事。当他们与滋事的人相遇时，也总能平静地化戾气为和气，在心平气和中解决问题。"和"是中国传统哲学中一个影响深远的理念，这种理念渗透在人们心中，表现在各个领域。

好乡邻更过亲人

曾国藩曾说，有钱有酒款远亲，火烧盗抢喊四邻。

在前两次的科举考试中，曾国藩都名落孙山，转眼已经临近第三次会试了。

这个时候，家里的生活实在很窘迫了。本来就不富裕的家庭，为了他前两次参加会试的盘缠，已经是东挪西凑了，现在再没有能力承受高昂的路费了。

曾国藩的父亲眼见儿子的难处，也希望能够助他一臂之力。他把曾国藩叫到跟前说:"家里还有 20 吊钱,其他的我再想办法。"20 吊钱根本不够,从他的家乡白杨坪到京城,怎么说也要走一个月的时间,去了在路上的花销,到了北京恐怕剩不了几文钱了。会试的时间不短,考完了还要等成绩,这其中有很多事情需要打点。可是,村子里的邻居能借的都已经借过了,短时间内曾国藩的父亲也不知道还能去哪里弄到钱。

正在全家一筹莫展的时候,村上的南五舅来曾家串门,看曾家人全家都在唉声叹气,就问明了情况。南五舅二话没说,转身回家去了。

回到家里,南五舅把他唯一的一头小牛牵出去,贱价卖了,换回了 12 吊钱。南五舅拿着钱来到曾家,对曾国藩说:"孩子,上京赶考是大事,我这里还有 12 吊钱,加上你们家的 20 吊,省着点花,应该够你上京的盘缠了。"

曾国藩接过钱,感动得潸然泪下,一时不知道该说什么好。他在心里暗暗发誓:南五舅的恩情他将一辈子铭记于心,以后即使是做牛做马也要报答南五舅的恩情。

以后,曾国藩官运亨通,但他从来没有忘记过以前的艰苦岁月。在他家最困难的时候,正是邻居们的帮忙,才使他家一次又一次地渡过了难关。正是邻居们的帮忙,才成就了他曾国藩。所以,道光二十三年,曾国藩亲自点清 1600 两银子,分散给乡亲们,作为报答。

居家过日子,谁都免不了托付邻居帮忙办事。比如出远门了,告诉邻居帮着照看一下家;有人生病了,求邻居帮忙送到医院;有力气活,自己一个人干不动,求邻居给帮一下;等等,在很多时候都是离不开邻居的。

邻里关系虽不像血缘关系那样亲近,但因为没有社会关系那样的压力,所以人们在交往过程中感到十分自然且轻松平淡。只有在平时与邻居搞好关系,主动帮邻居的忙,在你遇到困难时才会更容易地得到邻居的帮助。

家家都有遇到难事的时候,和谐的邻里关系此时就显得尤为重要,正如《教儿经》中所言:"莫把邻居看轻了,许多好处说你听。夜来盗贼凭谁赶,必须喊叫左右邻。万一不幸遭火灾,左右邻舍求纷纷。或是走脚或报信,左右邻居亦可行。或是耕田并作地,左右邻居好请人。或是家中不和顺,左右邻居善调停。"

第十一章

恭之价值标准：在貌为恭，在心为敬

"恭"指谦逊有礼。德生于恭谦，祸生于傲肆。恭敬谦虚的人愈能使他人信服，争执也因此得免；而自傲自大的人免不了遭人怀疑，争端多由此而起。谦恭是立德的途径，但务必是真诚无妄的，像傲慢不能称之为高洁一样，谄谀也算不得恭谦。谦恭者不侮人，人亦不侮，所以古语有云："处世以谦恭为先。"

文王渭水屈身访贤

周文王是商末西方诸侯之首，他是很善于招纳人才的君主。

有一天晚上，他做了一个梦，梦见自己到天帝面前去求人才，天帝没有说话，却从其身后跑出一只带翅膀的黑熊，此物十分威武，连飞带跑地到了他的面前，向他侃侃而谈兴国之道、治国之策。

第二天，文王决定到郊外去打猎，便让人占卜一卦，看看此行是否会有收获。这些人知道文王求贤若渴，占卜前就听到文王谈起他昨晚的梦，便高兴地对文王说："此次有好兆头，此次打猎必有收获。"

周族位于离渭水不远的地方，文王等人信步走到溪边，看见一个老人端坐在潭边垂钓。此人长须飘拂，仪态安详怡然。文王见此人形象和梦里的飞熊形象有许多相似之处，见他一本正经，目不斜视地垂钓，走到近旁也不敢惊动。

过了一会儿，老人把渔竿向上一提，没见提上鱼来，却见尾端系着一个直钩，文王情不自禁地说："直钩钓鱼能钓上来吗？"老人慢条斯理地说："我做事从不强求，愿者上钩嘛。"文王见此人见识不凡，便上前深施一礼，并问起他的姓名。在交谈中文王才知道他姓姜名尚，又名牙，人称姜子牙。此人曾在商都朝歌屠牛卖肉，又在各处卖酒，一直穷困潦倒，连妻子也离他而去另嫁他人，年过花甲仍无用武之地。

他听说文王礼贤下士，就来投奔。但无人引见，只好天天在渭水边钓鱼，等待时机。他与文王一番谈话很有见地。文王丝毫不因为他的贫贱而产生傲慢心理，他说："当年我的先祖太公曾说过，将来一定会有圣人来到我们这里，帮助我们兴旺发达起来。先生恐怕就是那位圣人吧？从我们太公起，到先父，到我，盼望您很久了。"

于是姜子牙随文王回国都，尽心辅佐周文王和周武王。文王渭水屈身访贤的故事传遍全国，许多有本事的人知道文王礼贤下士，纷纷前来归附。文王对所有贤士都很恭敬、信赖，不讲地位、身份、贵贱，

第十一章 恭之价值标准：在貌为恭，在心为敬

使众谋士鞠躬尽瘁忠心辅助文王。

平等待人，别人才愿意接纳你，你才能够赢得别人的尊重。如果我们总是以居高临下的姿态去对待别人，就会失去很多愿意和你做朋友的人，你也不会取得事业的成功。

周公诫子

周武王建立了周王朝以后，过了两年就病死了。他13岁的儿子姬诵继承王位，就是成王，年幼的周成王根本没有独自处理政务的能力。周公考虑到，天下新定，如果百姓听说周武王驾崩的消息定会民心震动，为了稳定局面，周公决定代替周成王来处理政务，主持国家大权。当时被封在商都近郊，以监管殷商遗民，号称"三监"的管叔、蔡叔及霍叔想要窃取大权，便散布谣言，说周公想将大权据为己有。面对四起的流言，周公不为所动，他深知自己责无旁贷，理当竭尽股肱之力，他对太公望（姜太公）和召公奭说："我之所以不避嫌疑代理国政，是怕天下人背叛周室。如果因为个人的声誉而置民生不理，这样则有负文王和武王的嘱托。天下新定，而武王早逝，因此我只有不避嫌疑地接手国政大权，稳固周王朝的基业。"于是周公命令长子伯禽代替自己去了封地鲁国，自己则留下来辅助成王。

伯禽临走的时候，他嘱咐说："我是文王的儿子，武王的弟弟，当今天子的叔叔，我的地位确实很高，但是我每次洗头发的时候，一碰到急事，就马上停止洗发，把头发握在手里去办事；每次吃饭的时候，听说有人求见，我就把来不及咽下的饭菜吐出来，去接见那些求见的人。我这样做，还怕天下的人才不肯到我这儿来呢，你到了鲁国，不过是个国君，可不能骄傲啊！"

之后，周公又将已经写好的《诫伯禽》一文交给伯禽，文如下：

"君子不施其亲，不使大臣怨乎不以。故旧无大故则不弃也，无求备于一人。君子力如牛，不与牛争力；走如马，不与马争走；智如士，

不与士争智。德行广大而守以恭者，荣；土地博裕而守以险者，安；禄位尊盛而守以卑者，贵；人众兵强而守以畏者，胜；聪明睿智而守以愚者，益；博文（闻）多记而守以浅者，广。去矣，其毋以鲁国骄士矣！"

谦逊基于力量，高傲基于无能。谦虚行事、尊重他人是一条十分重要的准则。谁遵循这一准则，谁将有众多的朋友并经常感到幸福；谁违反这条准则，谁就会遭受挫折。

张良弃智

西汉的张良是汉高祖刘邦的谋士，他智慧过人，屡出奇计，为西汉的建立立下了不朽的功劳。汉六年（公元前201年），刘邦大封功臣，请他自选齐地3万户，作为封邑。张良推辞不受，最后被封为留侯。

张良的谦逊，很多人颇为不解。陈平就曾问张良说："先生功高盖世，荣宠受之无愧，又何必拒绝呢？"

陈平见张良一笑不答，又说："先生足智多谋，非常人所能揣度，莫非先生别有筹划？"

张良敛笑正容："我家几世辅佐韩国，秦灭韩时，我幸存其身，得报大仇，我愿足矣。我凭三寸不烂之舌，贵为列侯，我还有什么悔憾呢？我只求追随仙人邀游四方了。"

张良从此闭门不出，在家潜心修炼神仙之术。一次，跟随张良多年的心腹忍不住问张良说："富贵荣华，这是人人都不愿放弃的，大人何以功成之时，一概不求呢？"

张良随口一叹说："正因如此，我才有如此抉择啊。"

张良的心腹闻言一怔，茫然不语，张良低声说："我年轻时，散尽家财，行刺秦王，追随沛公，唯恐义不倾尽，智有所穷，方有今日的虚名。时下大局已定，我还能彰显其能吗？谋有其时，智有其废，进

第十一章　恭之价值标准：在貌为恭，在心为敬

退应时，方为智者啊。"

张良从不议论时事。一次，群臣因刘邦要废掉太子刘盈之事找他相商，他枯坐良久，最后只轻声说："皇上有此意愿，定有其道理，做臣子的怎能妄加评议呢？"

群臣悻悻而去，张良的心腹对张良说："大人一口回绝，群臣皆有怨色，再说废立太子乃天下大事，大人怎忍置身事外，不闻不问呢？"

张良怅怅道："此事千头万绪，关系甚大，纵使我有心插手，只怕也会惹来一身的麻烦。群臣怪我事小，皇上忌怪于我事大，我又能怎么样呢？"

吕后派吕泽去强求张良，张良无奈给他出了主意，让吕后请出商山四皓辅佐太子。刘邦见他们出山相助太子，自知太子羽翼已成，不得不放弃了废太子的念头。

吕后派人向张良致谢，张良却回绝说："这都是皇后的高见，与我何干呢？"

吕后听了使者回报，感叹良久："张良不居功是小，弃智绝俗才是大啊。我先前只知道他智谋超群，今日才知他是深不可测，非我等可以窥伺得了的。"

吕后见他潜心研学道家养生之术，便不以他为患，反而对他愈生钦敬："人的一生，十分短暂，应该及时享乐。听闻你为炼仙术，竟致绝食，何须如此？切不要自寻烦恼了。"

在吕后的一再催促下，张良这才勉强用饭。吕后对其他的大臣或杀或贬，却独对张良关爱有加。

"见进而不已者败，未见退而自足者亡。"

其实，一个有内涵、有实力的人也不一定永远站在最高峰。忘记曾经的成功、曾经的辉煌，正视现实，这样的人即使退居幕后，会得到保全，人们给予他们的仍然是掌声和鲜花。

王濬不争止谤

西晋太康元年（公元280年）二月间王濬率兵攻克西陵（今湖北宜昌附近），在王戎、胡奋所率晋军的配合下，先后攻占了夏口（今湖北武汉）、武昌（今湖北鄂城）等地，吴军将士望风披靡，王濬率军队乘胜顺江东下，直扑东吴都城建业（今江苏南京）。无法招架的吴主孙皓带领太子诸王及群臣，来到王濬的军营门口，按古代国君的投降仪式，反绑双手，让人抬着一口棺材向王濬投降。这样，维持了90多年的三国分裂的局面终于重归统一。

王濬在灭吴之役中拔得头功，遭到了一些同僚的嫉妒，其中尤以王浑最为突出。因为王浑和王濬等同时受命伐吴。王浑的军队驻地离吴国较近，很快就攻入吴地，在牛渚击败了吴新任丞相张悌、护军孙震率领的吴军主力，可他这时迟疑不前，不敢乘胜直捣吴都建业，而是等王濬率军进入建业后，第二天他才赶忙渡江进入建业，可为时已晚，孙皓早已向王濬投降。守盗百日反为他人所得，王浑心中很恼火，当时就想用武力吞掉王濬，是何攀劝王濬把孙皓给了他才避免了这场内部火并。再加上出师后，晋武帝曾要王濬到秣陵（今江苏南京附近）听王浑节制，王濬后来声称军行神速，没有接到这个诏令。

当王濬率军经过三山（今江苏南京西南）江面时，王浑要王濬停船议事，王濬回答说："风利，不得泊也。"根本不和王浑打照面，率军直扑建业，抢了头功。王浑对此是又气又恨，千方百计寻找机会报复王濬。王浑攻击王濬不听诏令，私取孙皓宫中的宝物，放火焚毁吴国宫室，纵兵劫掠杀人等等。王濬也上书晋武帝一一给予驳斥。赞赏王濬有灭吴之功的晋武帝不为王浑等人的攻讦所动，拜王濬为辅国大将军，领步兵校尉（步兵校尉以前未设，这时专为他而设），封他为襄阳县侯，食邑万户。

但是王濬还不满意，认为晋武帝受了王浑等人的影响，给自己的

第十一章　恭之价值标准：在貌为恭，在心为敬

赏赐太轻，经常口出怨言。益州护军范通告诫王濬："足下的功劳可谓大了，可惜足下居功自傲，未能做到尽善尽美！"王濬问："这话什么意思？"范通说："当足下凯旋之日，应当退居家中，再也不要提伐吴之事，如果有人问起来，你就说：'是皇上的圣明，诸位将帅的努力，我有什么功劳可夸的！'这样，王浑能不惭愧吗？"王濬按照他的话去作了，谗言果然不止自息。如此行事的王濬更得晋武帝赞赏，不久晋武帝擢升他为镇军大将军，加散骑常侍，领后军将军。后又转为抚军大将军，开府仪同三司、加特进，其他如故。

福生于清俭，德生于卑退。

钟隐学画

五代南唐有位画家叫钟隐，他从小喜欢画画，经名师指点，自己又刻苦练习，年纪不大已非常有名。从此，家中的宾客络绎不绝，有求画的，有求教的，有切磋探讨画艺的，当然也有巴结奉承的，好不热闹。要是换了肤浅的人，遇到这种情况，一定会自鸣得意、沾沾自喜，可是钟隐对这一切无动于衷，每天仍然在书房里潜心作画，除了万不得已，一切应酬的事全让家人代劳。

钟隐深知自己山水画已经很有功力，但画花鸟的功夫还很欠缺。自学一年，不如拜师一天。要想画好，必须有名师指点，也免得走弯路。他四处打听哪儿有擅画花鸟的名师高手，自己好前去拜师学艺。可是打听了很久也一无所获，钟隐心中十分烦恼。这一天，他与故人侯良一起喝酒，酒到酣处，二人的话也就多了。钟隐诉说了自己的苦恼，并问侯良是否能给引荐个擅画花鸟的名师。侯良说："这你可找对人了。我的内兄郭乾晖就很擅长画花鸟画。我妻子说，有一次他画的牡丹，竟把蜜蜂给招来了。不过这个人性格古怪孤僻，别说收学生，就连自己画的画儿也不轻易给人看。更怪的是，他画画还总躲着人，恐怕人家把他的技法偷学去。"

钟隐倒觉得郭乾晖这个人很有意思。他如此保守，恐怕必有诀窍。可是怎么才能接近他呢？这倒得费费脑筋了。钟隐是个倔脾气，什么事只要他想做，就一定要千方百计地做成。他四下打听，听说郭乾晖要买个家奴。他想，这倒是个好机会，我不妨扮成家奴，一来可以进郭府，二来可以看到郭乾晖画画。于是，钟隐打扮成仆人的样子，到郭府应聘去了。郭乾晖见钟隐长得非常机灵，就留下了他。

在郭府，钟隐每天端茶递水，打扇侍候，什么杂活儿都干。他毕竟是富家子弟，一切生活起居从来都是由别人照顾，哪里干过这些粗活？一天下来，累得腰酸腿疼。唯一令他欣慰的是他看到了郭乾晖画的一些画儿，那可真是名副其实的上乘之作。钟隐想尽办法，坚持不离郭乾晖左右，希望能亲眼看见他作画。而每次作画，郭乾晖不是让他去干这，就是让他去干那，想方设法把他打发走。就这样，钟隐虽然卖身为奴，还是没有看到郭乾晖作画。一连两个月过去了，钟隐还是一无所获。几次他都产生了走的念头，但心中又总是还有一线希望使他留下来。

再说钟隐的家里，钟隐卖身为奴学画的事情谁也没有告诉，连他的妻子也只知道他是出远门，去会朋友。钟隐毕竟是个名人，每日高朋满座，可这些日子，朋友来找他，家人都说他出门了，问去哪儿了，又都说不知道。一次两次，搪塞过去，时间一长，人们就起了疑心。最后连家人也疑心重重，特别是钟夫人，非要把他找回来不可。

一天，郭乾晖外出游逛，听人家说名画家钟隐失踪了两个月了，连家人也不知他去了哪儿。再听人家描述钟隐的岁数和相貌，郭乾晖觉得这个人好像在哪儿见过，仔细一想，想起来了，跟家里的那个年轻人相像，他也正好来家里两个月。"怪不得他总想看我作画呢，"郭乾晖恍然大悟，"不过他倒真是个好青年，能带这样的学生，是老师的幸运，我也就后继有人了。"郭乾晖急急忙忙地跑回家，把钟隐叫到书房里，说道："你的事情我全知道了。为了学画，你不惜屈身为奴，实在使老夫惭愧。我多年来不教学生，自有我的道理，今天遇到你这样虚心好学的青年，我也不能不破例，将来你会前途无量的。"

钟隐终于以执着的求学精神感动了郭乾晖，名正言顺地成了他的学生，郭乾晖则把自己多年的体会和技艺毫无保留地传授给了钟隐。

第十一章　恭之价值标准：在貌为恭，在心为敬

"微少的知识使人骄傲，丰富的知识则使人谦逊，所以空心的禾穗高傲地举头向天，而充实的禾穗低头向着大地，向着它们的母亲。"是的，谦逊不仅是一种美德，还是你无往不胜的要诀，因为谦和、温恭的态度常常会使别人难以拒绝你的要求，这也是巨大收获的开始。

柳公权戒骄

柳公权小时候字写得不好，常常受到老师和父亲的批评。他虚心听取他们的教诲，经过一年的勤学苦练，他写的字进步很大，受到老师的表扬。表扬的次数多了，柳公权也觉得自己很了不起了。

有一天，柳公权和几个小伙伴举行写大楷比赛。他很快地写好了一篇，满以为稳拿冠军，脸上露出得意的神色。一位卖豆腐的老人见柳公权这么不谦虚，想给他泼点凉水，走过去对他说："华原城里，有个人用脚写字，写得比你还要好。"柳公权听了有点不服气，第二天一大早就赶到华原城。他亲眼看到那位无臂老人用左脚压住铺在地上的纸，用右脚夹住毛笔，龙飞凤舞地写对联，写出的字比自己不知要好多少倍。他冷静下来想想，觉得自己那么一点成绩真算不得什么。他诚恳地对那位无臂老人说："柳公权愿拜您为师，请老师告诉学生写字的秘诀。"无臂老人沉思片刻，给他写了4句话："写尽八缸水，砚染涝池黑，博取百家长，始得龙凤飞。"

老人解释说："这就是我写字的秘诀。我用脚写字，已经练了50多个年头。我磨墨练字用完8大缸水，每天写完字就在半亩大的池塘里洗砚，池水都染黑了。可是天外有天，山外有山，我的字还差得远呢！"柳公权牢牢记住老人的话。

从此以后，他更加勤奋地练字。他搜集了许多古代书法家的字，反复琢磨，吸取各家的长处。他经常登门拜访当时的书法名家，向他们虚心求教。他还时常请同学、亲友、陌生人指出自己书法上的不足之处。柳公权在书法领域不知满足地刻苦钻研，终于成为当时著名的

书法家。

事实上，刻意追求架子的人也不可能真正有所作为。做人谦卑的品行不是所有人能长期坚持的，人可能会因为一时的成功而得意忘形，极力地在别人面前表现自己的价值，其实是否有价值大家都是有目共睹的，一味表功的人不但不能达到他预期的目的，相反会给他的功劳打折，也得不到别人的尊敬。

唐太宗以恭纳布衣

魏晋南北朝时期，国家君王一向采取从士族地主里选择人才的方针，甚至一度形成士族垄断政权的局面，以致成为禁锢人才发掘的一项弊政。对此，唐太宗力求整顿前朝在用人上的过失，匡正为得，把眼光转向更广大的范围，采取了士庶并举的方针。例如，他在当政时不但非常信任士族地主高士廉、长孙无忌、杜如晦等人，还曾物色起用有才能的庶族人士马周。

贞观三年，唐太宗鼓励百官上书直言政事得失。中郎将常何不善文墨，于是请家客马周代替自己写奏折20多条。常何上奏后，这20多条意见竟然每一条都十分符合唐太宗的心意。对此，唐太宗感到很惊讶，认为其中必有蹊跷，因为常何乃一介武夫，不通文墨，什么时候竟然修得如此远见卓识，于是追问常何原因。常何据实相告，唐太宗感到马周的确是一个贤能之才，随即宣旨召见他。当马周迟迟未到时，他又"四度遣使催促"，显示了他对这个素未谋面的布衣人是何等的重视。在与马周见面交谈后，唐太宗十分高兴和满意，马上授予其门下省的官职，最后又将其调为中书令。

皇帝从官中选官，并不是一件稀罕的事，但能够把网罗人才的视野从贵族转向平民的君王为数不多，唐太宗可算其中的佼佼者。

谦虚是每一个人获得成功必不可少的品质。在你到达成功的顶峰之后，你会发现谦虚真的十分重要。因为只有谦虚的人才能得到智慧。

第十一章　恭之价值标准：在貌为恭，在心为敬

龚遂让名

西汉宣帝刘询当政时，渤海（今河北沧州一带）及邻近各郡发生饥荒，盗贼蜂起，郡太守们不能够制止。宣帝要选拔一个能臣干吏接管此事，丞相和御史向宣帝推荐龚遂。

当时龚遂已经70岁了，身材矮小，不像是抱才怀能之人，宣帝颇有些轻视。宣帝问龚遂："你能用什么法子平息盗寇啊？"龚遂回答道："辽远海滨之地，没有沐浴皇上的教化，那里的百姓处于饥寒交迫之中而官吏们又不关心他们，因而那里的百姓就像是陛下的一群顽童，偷拿陛下的兵器在小水池边舞枪弄棒一样打斗起来。现在陛下是想让臣把他们镇压下去，还是去安抚他们呢？"宣帝一听他讲这番道理，便神色严肃起来，说："我选用贤良的臣子任太守，自然是想要安抚百姓的。"龚遂说："臣下听说，治理作乱的百姓就像整理一团乱绳一样，不能操之过急。臣希望丞相、御史不要以现有的法令一味束缚我，允许臣到任后诸事均根据实际情况由臣灵活处理。"宣帝答应了他的请求，于是龚遂走马上任。

郡中官员听说新太守要来上任，便派军队迎接、护卫。龚遂把他们都打发回去了，并向渤海所属各县发布文告：将郡中追捕盗贼的官吏全部撤免，凡是手中拿的是锄、镰等农具的人都是良民，官吏不得拿问，手中拿着兵器的才是盗贼。龚遂单独乘驿车来到郡府。闹事的盗贼们知道龚遂的教化训令后，立即瓦解散伙，丢掉武器，拿起镰刀、锄头种田去了。

经过几年治理，渤海一带社会安定，百姓安居乐业。龚遂也因此名声大振，被汉宣帝召还入朝。出发前，龚遂的属吏王先生请求一路随同，说："我对你会有好处的！"其他属吏却不同意，说："这个人，一天到晚喝得醉醺醺的，又好说大话，还是别带他去为好！"然而龚遂还是答应让王先生随行。

到了长安后，这位王先生终日还是醉生梦死，对龚遂也是避而不见。有一天，当他听说皇帝要召见龚遂时，便对看门人说："去将我的主人叫到我的住处来，我有话要对他说！"一副醉汉狂徒的嘴脸，龚遂也不计较，非常之态之人定有非常之能，于是赶到王先生住处。

王先生问："陛下如果问大人如何治理渤海，大人当如何回答？"龚遂说："我就说严格执法、赏罚分明、任贤用能，使人各尽其才。"王先生连连摆头道："不好！不好！这么说岂不是自夸其功吗？请大人这么回答：'这不是小臣的功劳，而是天子的神灵威武所感化！'"龚遂接受了他的建议，按他的话回答了汉宣帝，宣帝果然十分高兴，便将龚遂留在身边，任以显要而轻闲的官职。

谦虚是人性中的美德，也是驯服人、驾驭人的最大要领。领导虽身居高位，而能礼贤下士，就能得到人才、人心。有大功而能谦恭下士，所以能得士人。

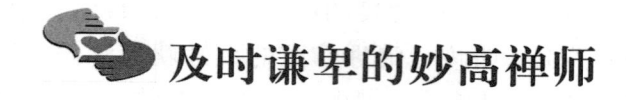

及时谦卑的妙高禅师

妙高禅师在妙高山悬崖边打坐，只要他一打瞌睡，就会掉下山底，他就提醒自己"不能昏沉"，不可打瞌睡，从修行当中体会"道"。

有一次，他打坐的时候昏沉瞌睡，就从妙高山掉下来；半空中，护法韦陀显现，把他救回。妙高禅师就很骄傲，他说："你看，护法韦陀菩萨，我掉下去，你都会捧我回来，你随时在旁边护持我，你看我多伟大！"这时傲慢心一起，韦陀就显现："像你这样修行的人很多，但像你这样骄傲的人很少，所以，从此二十世我不再护您的法。"韦陀菩萨说完这句话就走了。

这时候，妙高禅师才知道自己太骄傲。他很忏悔，明白学佛的人应该要谦虚，所以他跟护法忏悔。

有一回打坐忏悔，结果又昏沉打瞌睡，再次掉下崖去。这次死定了，因为韦陀护法不再护持，但最终韦陀再次出现，又救回他。他就问韦陀,韦陀说:"就是因为你谦虚忏悔,谦虚已经洗掉了几百世傲慢的心。"

骄傲易招致失败,得意就容易忘形,骄傲常让人栽跟头。故事中的妙高禅师就在骄傲后失去韦陀菩萨的护持,不过,禅师很快认识到自己的错误,变得谦虚起来,向韦陀忏悔。

谦卑者,常有福

山很谦卑,它总是沉默,却造就了壮丽的风景;水很谦卑,它总是向下,却流成了江河湖海。

在秦始皇陵兵马俑博物馆,有一尊被称为"镇馆之宝"的跪射俑。它被誉为兵马俑中的精华,中国古代雕塑艺术的杰作。陕西省就是以跪射俑作为标志的。

它左腿蹲曲,右膝跪地,右足竖起,足尖抵地。上身微左侧,双目炯炯,凝视左前方。两手在身体右侧一上一下作持弓弩状。

如今,秦兵马俑坑已经出土,清理各种陶俑1000多尊,除跪射俑,皆有不同程度的损坏,需要人工修复。而这尊跪射俑是保存最完整的,仔细观察,就连衣纹、发丝都还清晰可见。这究竟为何呢?

专家告诉我们,这得益于它的低姿态。首先,跪射俑身高只有1.2米,而普通立姿兵马俑的身高都在1.8米至1.97米之间。天塌下来有高个子顶着,兵马俑坑都是地下坑道式土木结构建筑,当棚顶塌陷、土木俱下时,高大的立姿俑首当其冲,低姿的跪射俑受损害就小一些。其次,跪射俑作蹲跪姿,右膝、右足、左足3个支点呈等腰三角形支撑着上体,重心在下,增强了稳定性。

其实,处世也是如此,保持谦卑的姿态,避开无谓的纷争,就能避开意外的伤害,更好地发展自己。

古人常说:"谦卑者其实最高贵。"这是因为谦卑是高贵者的通行证,君子懂得谦让,因此行万里也会路途顺畅。小人好争斗,因此还未动步，路已被堵塞。

君子知道屈可以为伸，因而受辱时不反击，知道谦让可以战胜对手，因而甘居人下而不犹豫。到最后时，就会转祸为福，让对手知错而成为朋友，使怨仇不传给后人，而美名扬以至无穷。君子的道行不是很宽宏富足吗？况且君子能忍受纤微的嫌隙，因此没有打斗之类的争论。小人不能忍受小忿，结果酿成巨大的耻辱。

谦虚的神医叶天士

清代神医叶天士少年继承家学。祖父叶紫帆医德高尚，又是有名的孝子。父亲叶阳生，医术更为精湛，而且博览群书，喜欢饮酒赋诗和收藏古文物。在良好的医学环境下，叶天士很早就在医学上展露其过人的才能。但世事多变，父亲不到50岁就去世了。从小随父亲学习医术的叶天士因为父亲的去世，家境贫困难以维持生计。因此当时只有14岁的叶天士便开始行医应诊，同时拜父亲的门人朱某为师，继续学习医术。他聪颖过人，"闻言即解"。一点就通的叶天士加上勤奋好学、虚心求教，很多见解往往超过教他的朱先生。

叶天士从小熟读《内经》《难经》等医书古籍，对历代名家之书也旁征博引。在医学上取得非凡成就的叶天士不仅勤奋好学，更主要的原因是他见贤思齐、虚心向贤的谦逊品质。叶天士始终信守"三人行必有我师"的古训，学习他人的长处。只要听说有比自己高明的医生，他都愿意行弟子之礼拜其为师。凡是听闻哪位医生医术高明，不管山高路远，叶天士便会欣然前往，必定待学成后才归来。从12岁到18岁，他先后拜过师的名医就有17人，其中包括周扬俊、王子接等著名医家，无怪后人称其"师门深广"。

听说山东有位姓刘的名医擅长针灸之术，叶天士想登门造访又苦于无人介绍。一天，这位刘医生的外甥赵某因为舅舅治不好他的病，就来找叶天士求治。一经叶天士诊治，几服药下去病就治好了。出于

第十一章 恭之价值标准：在貌为恭，在心为敬

感激，赵某答应介绍叶天士给他舅舅。改名换姓的叶天士在这位刘医生的门下，虚心学习。一天，有人抬来一个神智昏迷的孕妇。刘医生诊脉后一时没有对策，便以不能治愈推辞。叶天士在一旁仔细观察后，发现孕妇是因为胎儿不能转胞才痛得不省人事的。于是取出长针在孕妇脐下扎了一针，然后叫人抬回家去，到家后胎儿果然产下。刘医生很惊奇，详加询问后才知道这个徒弟原来就是大名鼎鼎的叶天士，心里非常感动，于是把自己的针灸医术倾囊相授。

又有一次，一位上京赶考的举人路过苏州，久闻叶天士医术高明，就上门拜访。他对叶天士说他每天都感到口渴。叶天士诊断出他是内热太重，如果不进行治疗，不出百日，必不可救。于是劝他放弃考试，留下来治疗。举人应试心切，不顾劝阻，执意北上赶考。走到镇江时，他又向一老僧求治。老僧教他每天以梨为生，渴了、饿了都吃梨，坚持吃一百天，病可痊愈。举人遵嘱而行，果然病愈。当他衣锦还乡时，在苏州又遇见叶天士。叶天士见到他还活着很是惊奇，举人便以老僧之事相告。听罢，叶天士知道这位老僧医术非比寻常，就扮成穷人模样，改名张小三，去庙里拜老僧为师。他刻苦耐劳、勤奋好学，很得老僧喜欢。3年后，老僧说："张小三，你可以回去了。你现在的医术已经赛过江南的叶天士了。"叶天士赶忙跪下自明身份，老僧也是大受感动，非常欣慰，料定叶天士其器不可限量。

还有一次，叶天士母亲患病，他总也治不好，又遍请城内外名医，收效也甚微。他便问仆人："本城有没有学问高深但又没什么名气的医生？"仆人回答说："后街有个章医生，常夸自己医术比你高明，请他看病的人却寥寥无几。"叶天士如获至宝，吃惊地说："能出此大言者，当有真才实学，快快请来府中！"仆人请章医生时说："老夫人病势一日比一日危险，主人终夜彷徨，口中反复念着'黄连'，不知何意。"章医生来到叶天士家，对老夫人一番视诊后，又细看了过去叶天士开的药方，思索良久才说："药、症相合，理当奏效。但病由热邪郁于心胃之间，药中须加黄连。"叶天士一听便说："我早就想在药中加入黄连，只因母亲年纪大，恐怕会灭了真火。"章医生说："太夫人两尺脉长而有神，本元坚固。对症下药，用黄连有何不可？"叶天士很是赞同，结果两服药下去，老夫人的病就好了。叶天士对章医生自叹不如：

"章医生医术比我高明，可以请他看病。"此后两人经常切磋医术。

叶天士本来就"神悟绝人"、聪明绝世，加之这样求知若渴、博采众长，并且能融会贯通，因此在医术上突飞猛进，不到30岁就医名远播。因为求学谦逊、"师门深广"，叶天士在医学上取得了非凡的成就，与扁鹊、华佗、张仲景、皇甫谧、孙思邈、李时珍等神医齐名"中国古代十大名医"。

同行如冤家，在当时，叶天士的名气如此之大，可众名医还是不吝技艺，将生平所学倾囊相授，不正是因为叶天士这谦逊做人、虚心向学的品质吗！因为谦虚最容易为人所接受。

沈万三夸富

沈万三是明朝初年江苏昆山一带有名的大富翁。他原名沈富，因当时民间习惯将名门望族中的人称作"秀"，连上姓名和排行，因此他又被称作沈万三。至于其中再嵌上一个"万"字，则是因为他拥有万贯家财。

沈万三竭力向刚刚建立的明王朝表示自己的忠诚，拼命地向新政府输银纳粮，讨好朱元璋，想给他留个好印象。

朱元璋于是下令要沈万三出钱修金陵的城墙。沈万三负责的是从洪武门到西门一段，占金陵城墙总工程量的三分之一。可沈万三不仅按质量提前完了工，而且提出由他出钱犒劳士兵。

沈万三这样做，本来也是想讨好朱元璋，但没想到弄巧成拙。朱元璋一听，当即火了，他说："朕有百万雄师，你犒劳得了吗？"

沈万三没听出朱的弦外之音，面对如此诘难，他居然毫无难色，表示："即使如此，我依旧可以犒赏每位将士银子一两。"

朱听了大吃一惊。在与张士诚、陈友谅、方国珍等武装割据集团争夺天下时，朱元璋就曾经由于江南豪富支持敌对势力而吃尽苦头。现在虽已建国，但国强不如民富，这使朱感到无法忍受。如今沈竟然僭越，想代天子犒赏三军，仗着富有将手伸向军队，更使朱元璋火冒三丈。但他没马上表露出怒意，只是沉默一下，冷言道："军队朕自会犒赏，这事儿你就不必操心了。"

沈万三的富有连当时的最高统治者朱元璋都嫉妒，最终找了几个借口，3次抄家，沈万三流放云南，使得沈家又迅速地衰败了。其下场也是极其可悲的，究其原因，是沈万三有了钱财就错误地估计一切，认为钱是万能的，钱能通神、有钱能使鬼推磨。从而财大气粗藐视一切，他与明太祖朱元璋共筑南京城中可见一斑。

其实无论你的名气有多大，都要谦虚，不要盛气凌人，不然会给自己带来灾难。

第十二章

俭之价值标准：君子以俭德高居

> 节俭是指没钱、物资缺乏的时候要精打细算，合理利用手中的钱物，富裕的时候要好好规划手中的钱物，绝不浪费。节俭可以养德，而奢侈浪费往往招致祸端。节制，不仅是为了节约，还是一种修养，是一种克己的美德，一种成功的基因。控制自己能够让一个人变得更强大。

节俭宰相晏子

晏子是春秋时期齐国著名的政治家,虽然他当宰相多年,但生活一直十分节俭。他平常只是穿一件有几个补丁的旧袍子,补丁的颜色与袍子的颜色也极不协调,看上去十分刺眼。

有人问他:"您身为宰相,衣服这么破了,为什么不换一件新的呢?"晏子笑着回答说:"衣服是为了挡风御寒的,何必穿得那么豪华呢。这件袍子虽然旧了一点,可穿在身上一点也不觉得冷,何必要扔掉它呢?那岂不是很可惜吗?"

晏子不但品德高尚,还特别善于治理国家,因此齐景公极为尊重他。晏子住的房屋也十分简陋,齐景公知道后,就想给他建一座新的,于是他将这个想法告诉了晏子。

晏子急忙回答说:"大王,多谢您对臣子的关心。可是我的祖辈一直在此居住,跟他们相比,我很平庸,没有理由去住豪华的房子。再说我家附近就是市场,买起东西来也比较方便。我在这里居住感到十分的惬意。"

齐景公一听,顿时对这位节俭质朴的臣子肃然起敬。没过多久,齐景公就趁晏子出使晋国的机会,派人将他的那座破旧房屋修建一新了。为了改善房子四周的环境,官吏们还强令周围的平民统统搬往别处。晏子从晋国回来,发现自己的旧房子不见了,四周的居民也不见了,他马上明白了其中的原委。

于是他赶紧到宫中去拜见齐景公,并再次陈述自己的想法。紧接着,他便吩咐手下将新房拆掉,恢复原来的模样。同时,他派人请原先的邻居搬回原来的住处,并挨家挨户地亲自去道歉。

回到家之后,晏子再三嘱咐家人:"我活着要和这些平民百姓住在一起,跟他们一起生活。死了之后,也要跟他们为伴。"晏子去世时,家人按照他的愿望,将他安葬在自家那简陋的院子里。

第十二章 俭之价值标准：君子以俭德高居

晏子的节俭精神在这里表现得淋漓尽致。虽然随着社会的发展和时代的进步，人们生活水平不断提高，消费观念也在不断改变。在物质产品日益丰富的今天，"食无求饱，居无求安"的传统观念已逐步退出历史舞台，消费至上、享受第一的思想观念渐渐粉墨登场。有人一旦沉迷于这种生活方式，就会愈加贪婪，攀比、从众、追时髦、喜新厌旧等就会随之而来，谓之穷奢极欲，而这就是一切罪恶的根源。而节俭可以让人如出淤泥而不染的荷花，谓之俭以养德，能让我们在物欲横流的社会，保持一颗纯净的心。

梁鸿孟光以俭为美

"举案齐眉"讲的是东汉文学家梁鸿和妻子孟光的故事。

梁鸿博学多才，虽然家里很穷，但是因为品德高尚，所以上门说媒提亲的人很多，但都被他婉拒了。同县一个叫孟光的女子年已三十，仍然挑挑拣拣不肯出嫁，父母问她原因，她说："要嫁就嫁梁鸿那样贤能的人。"梁鸿听说之后就迎娶了她。

孟光过门之后，就将家里内外装饰一新。梁鸿却接连7天都不答理她。于是她问梁鸿："我听说您品行高洁，拒绝过很多求婚的人。如今我有幸被您看中，却不知我做错了什么事，您从来不和我说话。"

梁鸿说："我想要娶的妻子，是能够穿着粗布衣服，和我一起隐居山中的人。如今你穿着华丽的绢织衣服，涂脂抹粉，并非如我所愿，所以才会冷落你。"

孟光听后，恍然大悟："原来这是您的志向，我已备好隐居之服。"于是换上粗布麻衣来见梁鸿。梁鸿见了高兴地说："这才是我的妻子。"不久之后，他们去了霸陵山中，过起了隐居的生活。

后来夫妻二人又迁到吴地。每次梁鸿从外面回到家中，孟光给他做好饭，低头不敢仰视他，而是将盛饭的托盘举到同她眼眉一样高的地方。人们称赞他们夫妻二人："这对夫妇真是举案齐眉、相敬如宾啊!"

现在的人花钱如流水,挥霍早已经是司空见惯的事情。有些人,对任何物品都讲究时髦,比如服饰、日用品、饮食等都想要最好的、最流行的。节俭的观念,对于他们来说,好像从来就不曾有过。其实,节俭是最不应当被遗弃的一种美德,而挥霍是最不应该有的一种行为。因为节约带给人的帮助可以说非常巨大。

节俭的魅力

司马光是北宋著名的政治家、史学家,一生忠孝节义、恭俭正直。他廉洁奉公、以节俭为乐的品德更是一直被后世传颂。他曾经专门写了一篇文章《训俭示康》,其中引用了名句"由俭入奢易,由奢入俭难"告诫儿子要节俭。

仁宗皇帝临终前曾留下遗诏,要赏赐司马光等大臣一批金银财宝。司马光领衔上书,陈述国家穷困,不愿受赏。但几次都未被批准,最后他将赏赐自己的一份交给谏院,充作公费。

他在洛阳任职时,曾买地修筑了一所集居住、读书、游览为一体的"独乐园"。那里环境幽雅,他非常满意。但当皇上的使臣到这所宅院来向他问政时,却为这低矮的瓦房、简单的陈设惊讶不已,他不能相信名扬天下的"司马相公"会这样寒碜!

司马光的妻子死后,家里没有钱办丧事。儿子司马康主张借些钱,把丧事办得排场一点,司马光不同意,最后只好把自己的一块地典当出去,才草草办了丧事。司马光一生清廉简朴,他不喜华靡的美德就连他的政敌王安石也很钦佩,愿意与他为邻。

节俭的魅力是无穷的,无论是为官者还是平民都应该发扬节俭的美德。

有一个商人,做的是收购糖的买卖。每天向村民们收购完糖后,他总是在家将糖装进箩筐或者麻袋里,然后运到镇子上或外地去卖掉。

就在他集中或者分装糖的时候,总是会不小心掉下一些糖,而他从来不在乎,觉得损失那点儿糖算不了什么。

不过,商人的妻子是个有心人。她看到每次丈夫分装完糖以后,地上都会撒些糖,觉得很可惜,就偷偷把那些糖重新收起来,装进麻袋里。不知不觉之间居然攒了4大麻袋糖。

后来,有一段时间蔗糖突然短缺,商人很长时间收不到糖,生意一时间没办法做了,几乎蚀了本。妻子想起自己平时存下的糖,就拿了出来,化解了商人的燃眉之急,还小挣了一笔钱。

每天收集一点点糖,就能集腋成裘换来危难时刻的那一桶金。每天节约一点点,就会有无尽的惊喜等着你。

石崇奢华惹来杀身之祸

王恺字君夫,晋代东海郡郯地(今山东郯城)人,名儒王肃之子,晋武帝司马炎的母舅,官至龙骧将军、骁骑将军、散骑常侍,生活极其奢侈,曾得武帝之助,与石崇斗富。

王恺为了炫富,在饭后用糖水洗锅,石崇则点蜡烛烧饭;王恺做了40里的紫丝布步障,石崇便做50里的锦步障。尽管晋武帝在暗中对王恺多有帮助,但王恺还总是落在下风。

一次,晋武帝赐给王恺一棵近二尺高的珊瑚树,枝条繁茂,堪称稀世珍宝。得到宝贝的王恺想要凭此扳回一城,他跑到石崇家向石崇展示了自己的宝贝。没想到石崇看后,便用手中的铁如意将珊瑚树击碎。王恺感到惋惜又愤怒,认为石崇这是在嫉妒自己的宝贝,石崇却说:"这不值得发怒,我赔给你就是。"

于是命下人把家里的珊瑚树全部拿出来,这些珊瑚树当中,高达三四尺的有数棵,而像王恺的那样的则更多。王恺看后,感到很是失意。

石崇不但跟王恺斗富,他甚至跟皇帝也较劲。据《耕桑偶记》记载：外国向晋武帝进贡火浣布，晋武帝制成衣衫，穿上后就去了石崇家。石崇故意穿着平常的衣服，却让家里的50个下人身着火浣衫迎接晋武帝。

晋武帝死后，史上有名的白痴皇帝司马衷即位，不久便爆发了"八王之乱"。在乱战中，石崇因为财富太多被赵王伦派兵杀死。

一个节俭的人懂得珍惜所得的来之不易，自然懂得珍惜他人的所得，能为他人节约。而这样的人才是最受欢迎的。而太过大手大脚，炫耀自己的富有往往会给自己带来麻烦。勤俭节约是我们中华民族的传统美德，也是一个人品行高尚的具体表现。

宋太祖教女节俭

俗话说："天上神仙府，人间帝王家。"皇帝是一国之主，金银财宝可以任意享用，应该说是人间最富有的。皇帝的女儿是公主，也一定可以打扮得像天仙一般。可是，宋朝的开国皇帝赵匡胤不一样，他不但生活俭朴，反对奢侈，还严格教育子女生活上也讲究俭朴。

有一次，他的女儿魏国长公主，穿着一件华丽短袄去见他。宋太祖见了很不高兴。他命令女儿回去后马上脱下，以后也再不要穿这样贵重的衣服。

魏国长公主很不理解，不悦道："宫里翠羽很多，我是公主，一件短袄只用了一点点。有什么要紧？"

宋太祖严厉地说："正因为你是公主，所以不能享用。你想想，你身为公主，穿了这样华丽的衣服到处炫耀，别人就会仿效。翠羽珍贵，这样一来，全国要浪费多少钱啊！按你现在的地位，生活已经够优越了，你不要身在福中不知福，要十分珍惜才是，怎么可以带头铺张浪费呢？"

公主没办法，只好脱去那件华丽短袄，但心里仍然有点想不通。她想，你既然是皇上，又是我父亲，对我要求那么严格，看你对自己要求怎么样？于是，她向宋太祖试探性地问："父皇，您做皇帝时间也不短了，进进出出老是坐那一顶旧轿子，也应该用黄金装饰装饰了！"

宋太祖却心平气和地对女儿说："我是一国之主，掌握着全国的政权和经济，要把整个皇宫装饰起来也能办到，何况只是一顶轿子！古人说得好，'让一人治理天下，不能让天下人供奉一人。'我不应该这样做。倘若我自己带头奢侈，必然有更多的人学我的样子。到那时，天下的老百姓就会怨恨我，反对我。你说我能带这个头吗？"

公主一边听着，一边琢磨着每一句话，再看看皇宫里的装饰也很朴素，连许多窗帘都是用青布制作的！公主觉得父亲说的话确实有道理，于是诚心诚意地向父亲叩头谢恩。

自古以来，只有勤俭节约致富，却从未有过挥霍家财创富的先例。挥霍无度只会败坏家产，坐吃山空最终受苦受穷的人只会是自己。

一个人修身养性需要勤俭节约，一个国家富强进步同样需要勤俭节约。如果我国 13 亿人每人节约一粒粮，节省一分钱，节约一滴水，那将是一笔多么大的财富啊！

有时，我们瞧不起小气的人，我们说他们不大方；我们敬重节俭的人，因为他们懂得珍惜，不暴殄天物。我们更敬重节俭的成功人士，因为他们不因富有而奢华，他们在朴素的生活中，为自己赢得了另一顶王冠——节俭的优秀品质。

一代"大侠"的简朴生活

作为一代武侠大师，金庸的名字可谓响彻华语世界，他的武侠小说创造了中国现代文学史上的一个奇迹，一个难解之谜。"飞雪连天射白鹿，笑书神侠倚碧鸳"，再加一部《越女剑》，15 部经典武侠作品确立了金庸如"泰山北斗"般的武侠宗师地位，更有金迷们尊称其为"金大侠"或"查大侠"。为表彰他的杰出贡献，2001 年国际天文学联合会把一颗小行星命名为"金庸星"。

畅销的书、不断翻拍的金庸武侠影视剧给金庸带来了丰厚的版税收入,他完全可以过上奢靡的生活,但是恰恰相反,生活中的金庸,是一个非常节俭的人,平常穿衣、吃饭都非常简单。

看看他一日三餐的菜单你会非常惊讶,他每顿饭的餐食,就是一碗米饭、一盘青菜或一小盘鱼或肉,有时,就多炒一个鸡蛋。用餐时不小心,餐桌上掉了一粒米或一片菜,他都要用筷子夹起来吃了。

生活如此节俭的金庸,却多次慷慨捐资助学,几十年来,金庸为各种善事捐款不计其数。他曾为香港中文大学捐赠了1000万港币。后来,为浙江嘉兴一中捐赠了300万港币。他在杭州西湖边修建了一所云松书舍,但他又把云松书舍捐赠给了杭州政府。

1993年,金庸向北京大学捐赠100万元人民币,作为北大国学研究院的启动资金。2007年他又一次性向北京大学捐资1000万元人民币,以此继续支持北大的国学研究工作。

老先生笑着说:"我不是生意人,只是一个普通作家。这些捐款,都是我写书的辛苦钱。"从金庸的善举中,我们感受到了他简朴外表下的热忱的心。

一个人懂得省才能够赚。节俭是大多数成功企业家共有的特点,他们养成了精打细算的习惯,有钱就好好规划,而不是乱花。省下手中的钱,用在更有意义的地方。就像王永庆等人一样,把钱用于投资、并购、慈善。

节省一分钱,就是为自己增加一分的资本。成功者一般都会把"节俭"列为自我管理的重要一项。